國語國文學叢書 082

女四書諺解 2

학자원

국어국문학총서 82

女四書諺解 2 重刊本

2018년 9월 15일 초판 1쇄 발행

저　자 : 朴晩煥
펴낸이 : 김병환
펴낸곳 : 학자원
주　소 : 134-814 서울시 강동구 천호대로 1121
전　화 : 02) 6403-1000
팩　스 : 02) 6338-1001
E-mail : hakjaone@daum.net
등　록 : 2011년 3월 24일 제324-2011-14호

HAKJAONE Publishing Co.
1121 Cheonho-Daero Kangdong-Gu Seoul

ISBN : 979-11-6247-051-0 94810
979-11-6247-049-7 (세트)

전2권 값 90,000원

重刊本 女四書諺解

神宗皇帝御製女誡序

禮稱天子理陽道以聽天下之外治后理陰德以聽天下
之內治男女正位化成俗美故能不降階序而天下咸理
朕以冲昧統膺鴻緒仰承 聖母諄諄訓迪勉以法 祖
親賢勵學勤政爲務數年以來始克有省俛焉思所以舉
道致理者庶無廑夫慈慮焉頃以中宮正位 宗廟有助
聖母恐母儀之教未闡迺取曹大家女誡一書俾儒臣註
解以弘內範盖以此書簡要明肅足爲萬世女則之規夙
經 聖慈服膺誦法是以亟爲表章暨仁孝文皇后內訓
二書俾諸保傅姆朝夕進講于宮闈爰以毓成淑德用奠

坤維共襄乾治則是書之功莫大焉仍鏤其副本頒示中
外使民庶之家得以訓誨女子有資閫教其於刑于之化
不無禆益云爾
御書
萬曆八年歲在庚辰春三月御製序
之寶

女四書序

易曰女正位乎內男正位乎外天地之大義也盖男女之道正然後家可齊而教化明焉古之君師建學立教男子自灑掃以至平治罔不有軌具載經傳而惟女教未有全書者何也只內受姆訓不出閨門學女事懋女德故耳晦菴夫子嘗以曹大家女誡言有未備病之欲別集古語如小學為數篇其目曰正靜曰卑弱曰孝愛曰和睦曰勤謹曰儉質曰寬惠曰講學此盖女德之事也嗚呼這箇篇目當為兩小學而書未成而夫子沒是誠千古之恨也瀛洲朴鄭督晚煥甫以　皇明人所輯女四書來示余曰將諺

繹其義使婦女易曉仍欲付之剞劂氏廣布于世顧為一言以序之余辭謝不敢而其請愈力敬受細閱則其書之規模節目無所不備而　仁孝皇后內訓最為精密脗然有得於晦翁篇目之指宮壼中講索之功何其盛且明哉惟我　顯皇帝表章女誡又命鍥此訓頒示中外以廣閫教足見治化之隆可軼三代垂法萬世乃是書之宗旨也以女論語女範録附其後者殆類小學有內外篇之例余故曰此是閨門中做人之書雖得閱於晦翁之眼亦必曰然乎噫而今世降聖遠教化不明駸駸然綱淪法斁婦女助相宜家之道尤蔑如也專習纂繡華巧之物出入人識

會以賭聲譽傲其夫慢其姑嫜以傷禮俗者豈是由古訓之不聞也苟使是書家弄而戶藏讀者寓目體言慕行信之如神明敬之如父母則閨範庶乎有立內以飾其閨外以輔其君子一家興而一國化之漸致治隆俗美如覩諸掌矣然則是書之刋其有補於風化豈淺尠也哉余遂書其固陋猥書于卷端

崇禎後二百八十年丁未 月 日恩津宋秉珣謹書

女四書卷之一

女四書卷之一

瑯琊 王相晉升 箋註

莆陽 鄭漢濯之 校梓

曹大家女誡 大家音太姑見女範二十九板右

曹大家姓班氏名昭後漢平陽曹世叔妻扶風班彪之女也世叔早卒昭守志教子曹穀成人長兄班固作前漢書未畢而卒昭續成之次兄班超入鎮西域未蒙詔還昭伏闕上書乞賜兄歸老和熹鄧太后嘉其志節詔入宮以爲女師賜號大家皇后及諸貴人皆師事之著女誡七篇

女誡原序

鄙人愚暗受性不敏蒙先君之餘寵 先君大家父彪也彪字叔皮光武時官著作郎典文翰名稱當時 賴母師之典訓年十有四執箕帚于曹

于一 作恭

按免謂免黜辱也而註云免憂勤非也愚一作頑

氏（帚音肘。○箕帚所以除汙穢賤者之事也謙言不敢當爲曹氏婦但執箕帚之役耳）今四十餘載矣。戰戰兢兢，常懼黜辱，（戰戰兢兢恐懼不安之貌黜遣退也辱訶責也常懷恐懼之心惟慮得罪於舅姑夫主也）以增父母之羞，以益中外之累。（婦道不修或被遣責則貽羞于父母累于中外中謂夫家外謂父母家之眷屬也）是以夙夜劬心，勤不告勞，（劬音渠。○夙早也劬勞苦也告誇示也言早暮躬執婦道備執勞苦之事雖亟憂勤而不敢誇示於人也）而今而後，乃知免耳。（今年已老子孫成立庶幾免此憂勤）吾性疏愚，教導無素，恒恐子穀負辱清朝。（疏闊畧也無素時訓時不訓也子穀大家子曹穀字貽善清朝清明聖治之朝也自言教子無素常恐其入仕負罪于朝廷也）聖恩橫加，猥賜金紫，實非鄙人庶幾所望也。（言子幸無過蒙聖恩增其爵祿賜以金紫之榮其實非我所敢望也）男能自謀矣，吾不復以爲憂也。但傷諸女方當適人，而不漸加訓誨不聞婦禮懼失容他門取恥宗族言男能服官自善其身諸女時當出嫁苟不教之以禮或失禮節容貌於他姓之門而貽羞辱於父兄宗族也吾今疾在沉滯性命無常念汝曹如此每用惆悵惆悵音紬帳○惆悵憂憤也言吾有疾久不能愈恐或死亡而諸女失教是以常增憂憤也因作女誡七篇願諸女各寫一通庶有補益裨助汝身去矣其勗勉之裨使也言作此書以諷諸女苟能奉行而不失則可以裨助其身而無咎矣去矣謂諸女于歸行去母而歸夫家也

녀ᄉᆞ셔권지일

조뒤고녀계

조뒤고의셩은반시오이름은쇼ㅣ니후한적평양조셰슉의안해오부풍반표의ᄯᆞᆯ이라셰슉이일즉쥭거놀쇼ㅣ졀ᄀᆡ를직혀아달조곡을가리쳐사롬이되매ᄒᆞ니라쟝남형반고ㅣ한나라ᄉᆞ긔를자여

(ᄃᆞᄒᆞ지 못ᄒᆞ고 죽거놀 쇼ㅣ 그 글을 이어 일워지라 ᄎᆞ남 형 반쵸ㅣ 셔역나라를 졍압ᄒᆞ얏더니 쵸셔ᄒᆞ라 야 도라옴을 무릅ᄡᅥ지 못홈이쇼ㅣ 긜륜의 업져글 을 올려 형도라옴을 벼니 등뒤후ㅣ 그 지절을 아름 다히 녀기샤 불너 궁즁에 드려 스승을 삼어 별호 뒤 꼬를 쥬시니 황후와 모든 귀인어ᄃᆞ 스승으로 셤고 지라 녀계칠편 을 지으니라)

녀계원셔

비인이 (스스로 겸ᄉᆞᄒᆞᄂᆞᆫ 말이라) 어리셕고 어두어 셩품이 민쳡지 못ᄒᆞ더니 션군 (셥균은 한이라) 부의 춍인ᄒᆞ심을 무릅씨고 어미 스승의 덧덧ᄒᆞᆫ 훈계를 십닙어 나이 열녯에 씨래 밧져 와 비를 조시 집예 잡움이 이졔ᄉᆞ 십여년이라 두려ᄒᆞ 고 조심ᄒᆞ야 ᄒᆞᆼ샹 녀ᄎᆡᆨ욕되야 부모의 붓그렴을 더ᄒᆞ

꼬시가와친가의뎌러움을덜ᄒᆞᆯ가두려ᄒᆞ야이럼으
로쥬야에마음을부지러이ᄒᆞ야근고호ᄃᆡ공로를맙
ᄒᆞ지아니ᄒᆞ얏더니이졔뒤에야ᄂᆡ취ᄂᆞᆫ욕면ᄒᆞᆷ을아
노라ᄂᆡ셩졍이소활ᄒᆞ교어리셕어가라침이본ᄃᆡᄒᆞᆷ
이업셔ᄒᆞᆼ샹아달곡이말근죠뎡에욕을질가두려ᄒᆞ
더니인군의은혜그릇더ᄒᆞ샤념치게금ᄌᆞ벼슬을쥬
시니실노비인의바라ᄂᆞᆫ비아니아달은능히스스
로도모ᄒᆞᆯ지라너다시근심치아니ᄒᆞ려니와다만슬
펴ᄒᆞ노니모ᄃᆞᆫᄯᆞᆯ이바야으로사ᄅᆞᆷ에게가거당ᄒᆞ나가
라치지못ᄒᆞ야부녀의례졀을틋지못ᄒᆞ야거동을달

—3a

은가문에일어슈치를종족의츄ᄒᆞᆯ가두려ᄒᆞ노라니이제병이침즁ᄒᆞ야명이오리지못ᄒᆞᆯ시녀의무리이가ᄐᆞᆯ을ᄉᆡᆼ각ᄒᆞᆷ이ᄆᆡ양슬퍼ᄒᆞ노라인ᄒᆞ야녀계칠편을진노니원컨ᄃᆡ모든ᄯᆞᆯ은각각일통을써거의유익ᄒᆞ야네몸을도을지니시가의가셔심쓰라

卑弱第一

天尊地卑陽剛陰柔卑弱女子之正義也苟不甘于卑而欲自尊不伏于弱而欲自强則犯義而非正矣雖有他能何足尚乎

古者生女三日臥之床下弄之瓦塼而齊告焉 塼與磚同齊音齋下同○詩云乃生男子載寢之床載衣之裳載弄之璋乃生女子載寢之地載衣之裼載弄之瓦寢之床尊之也寢之地卑之也裳盛服貴之也裼卽襁褓之衣而無加焉賤之也璋半圭卿大夫所執弄之璋尊貴之執也瓦

他本懼其有是謂二字

紡塼之瓦織紝所用女子之事卑賤之執也齊告告於宗廟也○裼音替臥之牀下明其卑弱主下人也弄之瓦塼明其習勞主執勤也齊告先君明當主繼祭祀也此申明前義下人謂當執卑下之禮于人也執勤欲其躬親紡織力任勤苦也繼祭祀謂職主中饋潔其酒食以助夫之祭祀也孟母曰婦人之禮精五飯冪酒漿養舅姑縫衣裳而已故有閨門之修而無閫外之志此之謂也女子始生即以是期之祝之其實婦人之道亦即此而無加也○冪音密閫困上聲三者蓋女人之常道禮法之典教矣謙讓恭敬先人後已有善莫名有惡莫辭忍辱含垢常若畏懼卑弱下人也此又申明三者之道謙讓恭敬不敢慢於人也先人後已不敢僭於人也有善莫名不敢誇美有惡謂奉尊者之命而有爲人所賤惡之事但承命而行莫敢辭也忍辱含垢不敢致辨常若畏懼不敢自安卑弱下人之道盡矣晚寢早作不憚夙夜執務私事不辭劇易所作必成手跡整理是謂

執勤也勮音極○作起也私事細務也勮煩重也言當寢而早興不憚深夜而躬爲婦職所務之事不問難易惟期勤力操作而必成之手跡完繕整理必精美而不粗率執勤之道於斯盡矣正色端操以事夫主清靜自守無好戲笑潔齊酒食以供祖宗是謂繼祭祀也齊如字○言正其顏色端其操行以事其夫幽閒貞靜言笑不苟潔治整齊酒食祭品以相夫主而供先祀是繼祀之道盡矣三者苟備而患名稱之不聞黜辱之在身未之見也言爲婦人能下於人習執勤勞承繼祭祀三者咸備則名譽彰著於內外黜辱不及於身矣三者苟失之何名稱之可聞黜辱之可免哉無是三者則黜辱必不能免又何名譽之可稱哉

비약뎨일 비손ᄒᆞ고유약ᄒᆞᄂᆞᆫ글이라

녯졔ᄯᆞᆯ나은삼일에평상아래누여지와 지와ᄂᆞᆫ질삼ᄒᆞᄂᆞᆫ져구라

로희롱ᄒᆞ고지계ᄒᆞ야고묘ᄒᆞᄂᆞ니평상아라뉘믄그
비손ᄒᆞ고유약ᄒᆞ야사ᄅᆞᆷ의게ᄂᆞ리기젼쥬ᄒᆞᆷ을발킴
이오지와로희롱ᄒᆞᆷ은슈고ᄅᆞᆷ을이키여근고잡기젼
쥬ᄒᆞᆷ을발킴이오지계ᄒᆞ야션군의게고ᄒᆞᆷ은맛당이
졔ᄉᆞ이음젼쥬ᄒᆞᆷ을발킴이니셰가지ᄂᆞᆫ녀인의덧덧
ᄒᆞᆫ도오례법의덧덧ᄒᆞᆫ가라침이라겸양ᄒᆞ고공경ᄒᆞ
야사ᄅᆞᆷ을먼져ᄒᆞ고몸을뒤에ᄒᆞ야션ᄒᆞᆷ이잇셔도자
랑치말고미워ᄒᆞᄂᆞᆫ이잇셔도ᄉᆞ양치말고욕되믈참
고셕를머금어ᄒᆞᆼ샹두려ᄒᆞᆷ가치ᄒᆞᆷ이비손ᄒᆞ고유약
ᄒᆞ야사ᄅᆞᆷ의게ᄂᆞ림이오늣게자고일즉이러나쥬야

를새리지아니ᄒᆞ야셰쇄ᄒᆞᆫ일을삼써잡어어렵고쉽
일을ᄉᆞ양치아니ᄒᆞ야일ᄒᆞᄂᆞᆫ바를반다시일위여슈
젹이졍졔ᄒᆞ고아름다옴이이일온근고를잡움이오
낫빗칠바루게ᄒᆞ고조힝을단졍이ᄒᆞ야써가장을셥
겨맑고안졍히스스로직혀희롱ᄒᆞ야우숨을조와아
니ᄒᆞ고술과밥을조초리ᄒᆞ야써션조를공양홈이이
일온졔ᄉᆞ를이음이니셰가지를진실로갓초면이름
이들리지아니홈과니치ᄂᆞᆫ욕이몸의잇실가근심ᄒᆞ
ᄂᆞᆫ이를보지못ᄒᆞ고셰가지를진실로이르면엇지이
름이가히들리며니치ᄂᆞᆫ욕을가히면ᄒᆞ랴

夫婦第二

三者既備然後可以爲婚然夫婦之道又不可不知也故次夫婦第二

夫婦之道參配陰陽通達神明信天地之弘義人倫之大節也參合也弘大也言夫婦之禮參陰陽配合綱維之義感格神明乃天地之大經人倫之大道也是以禮貴男女之際詩著關雎之義由斯言之不可不重也言聖王制禮始謹於男女之別夫子刪詩首列關雎之篇文王好逑淑女以成其內治之美夫婦之道人倫之始不可不重也夫不賢則無以御婦婦不賢則無以事夫夫不御婦則威儀廢缺婦不事夫則義理墮闕方斯二者其用一也御節制也事敬奉也夫不賢明則威儀廢失不足以御其婦婦不貞淑則義理蕩逸不可以事其夫二者均不可失察今之君子徒知妻婦之不可不御威儀之不可不整故訓其男檢以書傳言當世之君子亦知刑家之道亟知妻妾之間不可不御之以禮而整肅其威儀故

時檢古書經傳以訓其子孫殊不知夫主之不可不事禮義之不可不存也非不知之但重於男而畧於女謂不可語以詩書經傳之義也是以當時無女敎之書而女子解知事夫之義未明閫門之禮但敎男而不敎女不亦蔽於彼此之數乎蔽偏蔽也言男女之訓其義一也知此而不知彼不亦偏蔽乎禮八歲始敎之書十五而至於學矣獨不可以此爲則哉古禮男女六歲敎之數目方名七歲男女不同食不共坐八歲男入小學而就外傳十五則入大學女八歲親蠶敎割以禮讓敎以織紝組紃十五而笄二十而嫁此言男子旣知敎以詩書矣女子獨不可敎以禮讓乎

부부뎨이 가쟝과아ᄂᆡ서로공경ᄒᆞᄂᆞ[illegible]이라

부부의도ᄂᆞᆫ음양에참여ᄒᆞ야ᄡᅡᆨᄒᆞ고신명에통ᄒᆞ니진실로텬디의큰의리오인륜의큰례졀이라이럼으

로써례예남녀의지음을귀히너기고시경(시경은글이름이라)에관져(관져는시경의부부의의를말ᄒᆞᆫ글이라)의외를나타니니알로말미암아말ᄒᆞᆫ건된가히즁히아니치못ᄒᆞᆯ지니가장이어질지못ᄒᆞ면아녀를거느리지못ᄒᆞ고아녀어질지못ᄒᆞ면가장을셤기지못ᄒᆞ리니가장이아녀를거느리지못ᄒᆞ면위엄과거동이폐ᄒᆞ고아녀가장을셤기지못ᄒᆞ면의리가궐ᄒᆞᄂᆞ니이두가지가그씨임이하나아라이제군ᄌᆞ를살피건된한갓아녀를가히거느리지아니치못ᄒᆞᆯ것과위엄과거동을가히엄슉치아니치못ᄒᆞᆯ것만아논고로그아ᄃᆞᆯ만훈계ᄒᆞ야글로써

검찰ᄒᆞ고자못가장을가히셤기지아니치못ᄒᆞᆯ것과
례의를가히두지아니치못ᄒᆞᆯ것ᄉᆞᆯ알지못ᄒᆞ야다만
아달만가라치고ᄯᆞᆯ을가라치지아니ᄒᆞ니ᄯᅩᄒᆞᆫ피ᄎᆞ
분수의가리움이아니냐례문에남ᄌᆞㅣ팔셰예비로
소쇼학글을가라치고십오셰예ᄃᆡ학에드ᄂᆞ니녀ᄌᆞ
ᄂᆞᆫ호을로일로ᄡᅥ법을삼지아니ᄒᆞ라

敬順第三

前章但言夫婦之大端不可不敎以爲婦之道此章方發明敬順之禮敬順卽首章卑下習勤之事也

陰陽殊性男女異行陽以剛爲德陰以柔爲用男以强爲
貴女以弱爲美故鄙諺有云生男如狼猶恐其尫生女如

鼠猶恐其虎行去聲尫音汪○言陰陽男女性行各別陽剛陰柔天之道也男彊女弱人之性也鄙俗之言曰生男如狼之強猶恐其有尫羸之弱疾生女如鼠之伏猶恐其有猛虎之強暴極言之也然則修身莫如敬避強莫若順故曰敬順之道爲婦之大禮也敬者修身之本也順者事夫之本也故爲禮之大者夫敬非他持久之謂也夫順非他寬裕之謂也持久者知止足也寬裕者尚恭下也○夫音扶夫婦之久非一時之敬久而能敬故偕老而不衰亦非一時之順寬裕溫柔故含容而巽順止足安分故於夫無求全之心而敬可久寬柔恭下故於夫多含弘之度而順可長則敬順之道全矣夫婦之好終身不離房室周旋遂生媟黷媟音褻黷音讀○媟戲慢也黷忤觸也言夫婦有終身之好閨房狎翫而戲侮日生則敬順之道虧矣媟黷既生語言過矣語言既過縱恣必作縱恣既作則侮夫之心生矣此由於不知止足者也媟則不敬

黷則不順敬順旣虧則語言驕慢故縱肆恣而無忌凌侮其夫無所不至矣由於不知足而求全責備不安分而放縱自强不明敬夫之道也

夫事有曲直言有是非直者不能不爭曲者不能不訟訟爭旣施則有忿怒之事矣此由於不尚恭下者也 夫音扶○訟者理本曲而務求其直也夫婦之間言語乖侮則爭訟日生忿怒相向而不安於室苟能寬裕溫柔恭順卑下何至於此乎

侮夫不節譴呵從之忿怒不止楚撻從之夫爲夫婦者義以和親恩以好合楚撻旣行何義之存譴呵旣宣何恩之有恩義俱廢夫婦離行 夫爲之夫音扶譴音遣行音杭○譴訶斥辱也楚撻鞭笞也行列也離行謂退也言婦人侮夫不知止節必致呵遣之辱楚撻之傷則恩義廢絶夫婦乖離不可復合矣

경슌뎨삼 공경ᄒᆞ고슌ᄒᆞᄂᆞᆫ 글이라

음양이셩졍이달으고남녀ᄒᆡᆼ실이달은지라양은ᄀᆞᆼ으로써덕을ᄒᆞ고음은유슌으로써용을ᄒᆞ고남ᄌᆞ는강으로써귀홈을ᄒᆞ고녀ᄌᆞ는약으로써아름다옴을ᄒᆞ논고로상말에이로ᄃᆡ아달을나미시랑가트되오히려병신가틀가두렵고ᄯᆞᆯ을나미쥐가트되오히려범가틀가두렵다ᄒᆞ니그런즉몸닷기논공경만가틈이업고강치아니홈은슌만가틈이업논고로골오ᄃᆡ공경ᄒᆞ고슌ᄒᆞᆫ도논부인의큰례졀이라공경은달음아니라오리ᄅᆡ가집을이룸이오슌은달음아니라너그럽고넉넉홈을이룸이니오리ᄅᆡ가집은족ᄒᆞᆫ쥴을알마

오녀그럽고녀녁홈은공슌ᄒᆞ고ᄂᆡ림을슝샹홈이라
부부의조와홈이죵신토록갈리지아니ᄒᆞ야방실에
쥬션홈이인ᄒᆞ야셜만홈이나ᄂᆞ니셜만이이므나면
말이교만ᄒᆞ고말이이므교만ᄒᆞ면방ᄌᆞ홈이반다시
나고방ᄌᆞ가이므나면가장업시녀기ᄂᆞᆫ마음이나ᄂᆞ
니이ᄂᆞᆫ죡곡ᄒᆞᆫ죨을알지못홈에말미암움이오일이곡
직이잇고말이시비잇시니졀ᄒᆞᆫ이능히다투지아니
치못ᄒᆞ교곡ᄒᆞᆫ이능히다투지아니치못ᄒᆞᄂᆞ니다툼
이이므이러나면분노ᄒᆞᄂᆞᆫ일이잇시리니이ᄂᆞᆫ공슌
ᄒᆞ고ᄂᆡ림을슝샹치아니홈에말미암움이라가장업

시녀김을근치지아니ᄒᆞ면ᄭᅮ지럼이나고분노홈을근치지아니ᄒᆞ면ᄆᆡ질이나ᄂᆞ니부부되쟈ㅣ의로셔화친ᄒᆞ고은혜로써조히합거ᄂᆞᆯᄆᆡ질이이믜힝ᄒᆞ면무순의잇시며ᄭᅮ지럼이이믜베플면무순은혜잇시리오은혜와의다폐ᄒᆞ면부부ㅣ항렬의셔나ᄂᆞ니라

婦行第四 行去聲○敬順主於心行則見於事四行卽四德是也

女有四行一曰婦德二曰婦言三曰婦容四曰婦功 四行女之常行也心之所施謂之德口之所宣謂之言貌之所飾謂之容身之所務謂之功 夫云婦德不必才明絶異也婦言不必辯口利辭也婦容不必顏色美麗也婦功不必技巧過人也 夫音扶○四行但取其適中無忝不期其才辯美巧太過於人

幽閒貞靜守節整齊行已有恥動靜有法是謂婦德幽清閒也整飾也貞正固也靜愼密也節制度威儀之節守之敬愼而無失也行已有恥行事中禮無貽恥笑於人也動靜有法行止有常中乎法度也擇辭而說不道惡語時然後言不厭於人是謂婦言擇辭謂未言之先選擇量度不失禮義而後言自無惡語傷觸於人也然又當因時而後言雖言之詳而人自不厭也盥浣塵穢服飾鮮潔沐浴以時身不垢辱是謂婦容盥浣音管玩○盥浣皆洗也衣無新舊皆當洗濯鮮明潔淨沐髮浴身使不垢汚以取恥辱而容光潤澤矣專心紡績不好戲笑潔齊酒食以供賓客是謂婦功紡績婦人之常業故宜專心習之而不倦戲笑非婦女所宜故戒謹而不好賓客時至則整齊潔淨酒食以待之詩曰無非無儀惟酒食是議此之謂也此四者女人之大節而不可乏無者也然爲之甚易惟在存心耳古人有言仁遠乎哉我欲仁而

仁斯至矣此之謂也 言德言容功四者婦道之常而不可缺一然爲之亦不難但存心而一無不當也古聖人之言仁豈遠於人哉我一心、欲行仁仁卽至矣何德言容功之不可備乎

부힝뎨ᄉᆞ 부인의힝실을 말ᄒᆞᆫ글이라

녀ᄌᆞ네가지힝실이잇시니하나ᄂᆞᆫ마ᄅᆞᆫ부덕이오둘은마ᄅᆞᆫ부언이오세ᄉᆞᆫ마ᄅᆞᆫ부용이오네ᄉᆞᆫ마ᄅᆞᆫ부공이니부덕은반다시지조발금이결등ᄒᆞ고긔이ᄒᆞᆷ이아니오부언은반다시말잘ᄒᆞᄂᆞᆫ입파쳠리ᄒᆞᆫ말이아니오부용은반다시낫빗치아름답고고음이아니오부공은반다시ᄌᆡ조공교ᄒᆞᆷ이사ᄅᆞᆷ의게지너미아니라깁슉ᄒᆞ고한가ᄒᆞ여바루고안졍ᄒᆞ야례졀직힘을

경졔히ᄒᆞ고몸힝홈이부즈런마음을두어동경홈이
법도잇심을이이론부더이오말을미려말ᄒᆞ야악ᄒᆞᆫ
말을이르지말며ᄯᅦ예당ᄒᆞ야말ᄒᆞ야사ᄅᆞᆷ의게실케
아니홈을이이론부언이오ᄯᅦ써고더러움을시쳐의
복을경결히ᄒᆞ며목욕을ᄯᅦ로ᄒᆞ야몸이더러워욕되
지아니홈을이이론부용이오방격에결심ᄒᆞ야희롱
ᄒᆞ야우숨을조와아니ᄒᆞ며쥬식을경결히ᄒᆞ야빈킥
공뒤홈을이이론부공이니이네가지눈녀인의큰례
졀이니가히업지못홀것시라그러ᄒᆞ나ᄒᆞ기심히쉬
우니오직마음두기예잇ᄂᆞ니라녯사ᄅᆞᆷ이말삼호ᄃᆡ

어진도ㅣ 머나너어질고쟈ᄒᆞ면어진도ㅣ이예이ᄅᆞ다ᄒᆞ시니이ᄅᆞᆯ이ᄅᆞᆷ이니라

專心第五

禮夫有再娶之義婦無二適之文適謂更嫁也夫無妻則烝嘗無主繼嗣不立故不得不再娶婦人之道從一而終故夫亡無再嫁之禮也故曰夫者天也天固不可違夫故不可離也禮曰夫乃婦之天天命不可違夫義不可離也夫亡而嫁是離背其夫也行違神祇天則罰之禮義有愆夫則薄之愆音牽○人之德行有虧下犯神怒天則降殃罰於其身婦人無禮時有愆咎則爲丈夫所薄故女憲曰得意一人是謂求畢失意一人是謂永訖由斯言之夫不可不求其心女憲古賢者訓女之書今未詳其所出一人夫也畢終也訖離散也謂婦得意於其夫則和諧而永終畢世若失意於其夫則悖亂

故據古文亦有與固通用處今不可作死亡義解

陜當作閃輸當作揄後漢書閃揄註頃佞說者字與陜字註無與閃同之說而今女誠註云頑者誤

乖離夫婦之道誂矣由此觀之爲婦之道豈可不求其夫之心志而失其意乎然所求者亦非謂佞媚苟親也固莫若專心正色禮義居絜耳無淫聽目無邪視出無冶容入無廢飾無聚會羣輩無看視門戶則謂專心正色矣言欲得夫之心非恃巧佞媚悅苟取歡愛也必專一其心端正其色專心者以禮爲居守以義爲提絜罔敢或悖非禮勿聽非禮勿視是謂專心出則無妖冶豔媚之姿容入不以暗室而弛廢其儀飾不聚女作以嬉遊不在戶內而窺門外是謂正色也若夫動靜輕脫視聽陜輸入則亂髮壞形出則窈窕作態說所不當道觀所不當視此謂不能專心正色矣陜與閃同閃爍不定之貌動靜輕脫行動無常也視聽閃輸心志不定也亂髮壞形八則廢飾也窈窕作態出則冶容也說不當說言非禮義也觀不當視非禮亂視也此之謂不能專心正色不得意於夫也

젼심뎨오 가쟝의게젼일ᄒᆞ야두ᄯᅳᆺ이업심을이른글이라

례예가쟝은ᄌᆡ취ᄒᆞᄂᆞᆫ의리잇고부인은ᄀᆡ가ᄒᆞᄂᆞᆫ글
이업시니그런고로ᄀᆞᆯ오ᄃᆡ가쟝은하ᄂᆞᆯ이니ᄒᆞᄂᆞᆯ을
진실로가히어긔지못ᄒᆞ쇼가쟝을진실로가히배반
치못ᄒᆞᄂᆞ니ᄒᆡᆼ실이귀신을어긔면하ᄂᆞᆯ이벌을ᄂᆞ리
시고례의허물이잇시면가쟝이박ᄃᆡᄒᆞᄂᆞ니그런고
로녀현 녀헌은녀인가라치ᄂᆞᆫ글이라 에ᄀᆞᆯ오ᄃᆡᄯᅳᆺ슬ᄒᆞᆫ사ᄅᆞᆷ ᄒᆞᆫ사ᄅᆞᆷ은가쟝
이라 의게어드면이이론지리ᄒᆡ로홈이오ᄯᅳᆺ슬ᄒᆞᆫ사ᄅᆞᆷ
의게이로면이이론지리셔남이라ᄒᆞ니일노말ᄆᆡ암
아말ᄒᆞᆫ편된가쟝의마음을구ᄎᆞ아니치못ᄒᆞᆯ것시라

그러ᄒᆞ나구ᄒᆞᄂᆞᆫ바ᄂᆞᆫ또ᄒᆞᆫ아당ᄒᆞ고아름다이ᄒᆞ야구챠이친홈을이름이아니오진실로마음을젼일히ᄒᆞ고낫빗출졍다이홈만가틈이업시녜의로거ᄒᆞ고잇그러귀예ᄂᆞᆫ더러이드름이업고눈에ᄂᆞᆫ간샤히봄이업시며나마얼골을ᄭᅮ미지말며들미복식을폐치말며동류을모되지말며몸틈의엿보지말면마음을젼일히ᄒᆞ며낫빗출졍다히홈이라이르고만일동졍이경솔ᄒᆞ고소탈ᄒᆞ여보고드름이기울고간샤ᄒᆞ면든족터럭을어지러이ᄒᆞ고형용을헐며낫족곱게티도을지으며맛당히말치아니홀바를말ᄒᆞ고맛당

故一本作固

無字可疑

히보지아니ᄒᆞᆯ바ᄅᆞᆯ보면이이론능히마음을젼일히ᄒᆞ며낫빗츨졍다이못ᄒᆞᆷ이니라

曲從第六

此章明事舅姑之道若舅姑言是而婦順從之正也惟舅姑使令以非道而婦亦順從之是謂曲從惟曲從乃可謂之孝大舜閔騫皆不得意於父母而由從者也

夫得意一人是謂永畢失意一人是謂永訖欲人定志專心之言也舅姑之心豈當可失哉此承上章而言婦不失意於其夫則永諧而畢終矣此蓋爲夫而言也若夫之上則有舅姑又可以失意而無咎乎物有以恩自離者亦有以義自破者也言世固有專恩於一人而人或惡之不能自保其恩執義於一己而人或亂之不能自守其義如婦之不得於舅姑是也夫雖云愛舅姑云非此所謂以義自破者也夫雖甚愛其妻而舅姑不愛則離恩而破義矣然則舅姑之心柰何故莫尚

于曲從矣姑云不爾而是固宜從令姑云是爾而非猶宜順命勿得違戾是非爭分曲直此則所謂曲從矣 ○不音否 欲得舅姑之心則莫尚于從舅姑之命如姑所云本非是而婦云是亦當從姑之言若姑行事本非而言是婦明知其非亦當從姑之令而行之勿得與姑明是非而爭曲直是謂曲從則無不得舅姑之意也 故女憲曰婦如影響焉不可賞 言婦之順從舅姑若影之隨形響之應聲焉有不得其意而不蒙其賞者乎

곡죵뎨륙 시부모의말삼을 구펴좃노ᄂᆞᆫ이라

ᄯᅳ슬ᄎᆞᆫ사ᄅᆞᆷ의게어드면이이론지리히로ᄒᆞᆷ이오ᄯᅳ슬ᄒᆞᆫ사ᄅᆞᆷ의게이르면이이론지리셔ᄂᆞ다ᄒᆞᆷ은사ᄅᆞᆷ이ᄯᅳ슬뎡ᄒᆞ고마음을젼일히ᄒᆞ고자ᄒᆞᄂᆞᆫ말삼이니시부모의마음을엇지가히이로라셰상사ᄅᆞᆷ이은혜

로써스ᄉᆞ로ᄯᅥᄂᆞᆫ쟈ㅣ잇고ᄯᅩ효의로써스ᄉᆞ로파ᄒᆞ
ᄂᆞᆫ쟈ㅣ잇ᄂᆞ니가쟝이비록사랑ᄒᆞ여도시부모ㅣ그
르다ᄒᆞ시면이이론바의로써스ᄉᆞ로파ᄒᆞᄂᆞᆫ쟈ㅣ라
그런즉시부모의마음을엇지ᄒᆞ효진실로구펴좃침
만더홈이업ᄂᆞᆫ지라시모의말삼이글너도네올타ᄒᆞ
야진실로맛당이령을좃고시모의말삼이올타ᄒᆞ시
거든네마음의그르되도오히려맛당이명을슌히ᄒᆞ
야시러곰시비를어긔여곡직을분별치말써니이이
론바구펴좃침이니ᄭᅩ로녀헌에골오되며나리서부
모말삼을영향ᄀᆞᆺ치좃치면엇지가히샹쥬지아니ᄒᆞ

一本無ᄒᆞ字

라ᄒᆞ니라

和叔妹第七 叔妹夫之弟妹也不言伯姊者伯必受室姊必適人叔妹幼小常在舅姑之側

猶當和睦以得其歡心然後不失意於舅姑也

婦人之得意於夫主由舅姑之愛己也舅姑之愛己由叔妹之譽己也由此言之我之臧否毀譽一由叔妹叔妹之心不可失也 爲婦者不敢失禮于叔妹然後得舅姑之愛然後得意於夫則是婦之賢否毀譽皆由于叔妹不可不得其心而失敬於彼也 人皆莫知叔妹之不可失而不能和之以求親其蔽也哉 言人皆不知叔妹不可失而往往得罪於舅姑 自非聖人鮮能無過故顏子貴於能改仲尼嘉其不貳而況於婦人者也 言人皆不能無過顏子大賢但有過即改故聖人嘉其不二過而況婦人豈能無過乎 雖以

嗅當作臭

賢女之行聰哲之性其能備乎行去聲○言雖賢明聰哲之女亦不能備諸衆善而無過也故室人和則謗掩內外離則過揚此必然之勢也易曰二人同心其利斷金同心之言其嗅如蘭此之謂也言同室之人相和雖有過必共掩其謗內外離間雖無過必揚其惡故同心共事則有斷金之利同心相言則有如蘭之馨大易之言豈欺我哉夫叔妹者體敵而分尊恩疏而義親若淑媛謙順之人則能依義以篤好崇恩以結援使徽美顯彰而瑕過隱塞舅姑矜善而夫主嘉美聲譽曜于邑隣休光延於父母叔妹班與已同而稱之爲叔爲姑故體敵而分尊與已異姓而爲夫之同氣故恩疏而義親賢淑之女自能推夫主之義舅姑之恩以篤和好而結助援叔妹旣和則徽懿美善日益彰顯瑕玷過失相爲隱蔽而得舅姑夫主之歡心賢聲美譽揚于里邑盛德光輝榮於父母矣若夫愚慝之人於叔則託

名以自高於妹則因寵以驕盈驕盈旣施何和之有恩義旣乖何譽之臻惷與蠢同○臻至也言愚惷之人於叔則自恃爲彼之嫂而有矜高尊大之心於妹則則自恃見寵於夫而有驕盈傲慢之色驕盈旣著則自不能和不和而恩義乖離又何譽之臻也是以美隱而過宣姑忿而夫慍毁訾布於中外恥辱集於厥身進增父母之羞退益君子之累斯乃榮辱之本而顯否之基也可不愼歟如是則美善日隱過咎日宣舅姑忿恨而夫主慍怒毁謗訾誚揚於中外羞恥詬辱加於本身其爲父母貽羞夫主玷累非淺矣是故和叔妹者乃己身光榮揚顯之根本不和者反是可不愼哉然則求叔妹之心固莫尙於謙順矣謙則德之柄順則婦之行知斯二者足以和矣詩曰在彼無惡在此無射此之謂也行惡皆去聲射音妬○言惟謙恭遜順可以和叔妹之心謙爲入德之本順乃婦人之行二者不失自能和合於叔

妹不失於舅姑夫主矣射與姤同大家引詩以明之曰人能在彼無厭惡之心在此無姤忌之害則何所往而美善不著名譽不彰哉

화슉미뎨칠 시슉과시미를화목ᄒᆞ논글이라

부인이ᄯᅳ슬가장의게어듬은시부모의날사랑ᄒᆞ심을말미암고시부모의날사랑ᄒᆞ심은시슉과시ᄆᆡ의날칭찬ᄒᆞᆷ을말미암ᄂᆞ니일노말ᄒᆞ건된ᄂᆡ의어질고아니홈과훼담ᄒᆞ고칭찬ᄒᆞᆷ이다시슉시미로말미암으니시슉시미의마음을가히일치아니홀거시라사ᄅᆞᆷ이다시슉시미의가히일치아니홈을아지못ᄒᆞ야능히화ᄒᆞ야써친홈을구치못ᄒᆞᄂᆞ니그미켬인져스스

록셩인이 아니면 능히 허물 업ᄂᆞᆫ이 져그니 고로 안ᄌᆞ

(안ᄌᆞᄂᆞᆫ 로나라 셩인이라)ᄂᆞᆫ 능히 고침을 귀히 녀기시고 공ᄌᆞ(공ᄌᆞᄂᆞᆫ 로

나라 셩인이라)셰셔 그 허물 두번 아니홈을 아름다이 녀기셔

거든 ᄒᆞ말며 부인이랴 비록 어진 녀인의 힝실과 춍결

ᄒᆞᆫ 셩졍으로도 능히 구비ᄒᆞ랴 고로 집사ᄅᆞᆷ이 화ᄒᆞᆫ즉

삭지렴이 가리우고 ᄂᆡ외이 간ᄒᆞᆫ즉 허물이 들어나ᄂᆞ

니 이ᄂᆞᆫ 반다시 그러ᄒᆞᆯ 리셰라 쥬역(쥬역은 글 이름이라)에 ᄀᆞᆯ오

되 두 사ᄅᆞᆷ이 마음을 가치ᄒᆞ면 그 리로옴이 금을 ᄭᅳᆫ코

마음 가튼 이 말은 그 향취 난초 갓다 ᄒᆞ니 이를 일롬이

니라 시숙 시민ᄂᆞᆫ 톄모ᄂᆞᆫ 가트되 우븐은 놉고 은혜ᄂᆞᆫ

셕ᄒᆞᆯ되의 노친ᄒᆞ니 만일 어진 부인 결슌ᄒᆞᆫ 사ᄅᆞᆷ인즉
능히 의롤 의지ᄒᆞ야 조아ᄒᆞᆷ을 도독히 ᄒᆞ고 은혜를 ᄃᆞᆸ
펴 구원을 미쳐 ᄒᆞ여곰 아ᄅᆞᆷ다옴이 드러나고 허물이
숨어 싀부모 노션을 ᄌᆞ랑ᄒᆞ시고 가장은 아ᄅᆞᆷ다옴을
조히 녀겨 칭찬ᄒᆞᆷ이 골파 이웃싀 빗나고 아ᄅᆞᆷ다온 빗
치 부모 세미치게 ᄒᆞᄂᆞ니라 만일 우쥰ᄒᆞᆫ 사ᄅᆞᆷ은 싀부
의게 뇨아 집이 이ᄅᆞᆷ을 의탁ᄒᆞ야 스스로 놉펴 교시믜
의게 노 가장의 총ᄋᆡᄒᆞᆷ을 밋어 교만ᄒᆞᄂᆞ니 교만아이
므베 플면 무ᄉᆞᆫ 화목이 잇시며 은혜와 의이므어 그릇
지면 무ᄉᆞᆫ 칭찬이 이르리오 이럼으로 아ᄅᆞᆷ다온 것ᄉᆞᆫ

숨고허물은들쳐나시모놉븐희녀기시고가쟝은셩
니여휘담과쇽지렴이와팟괴폐이고붓그렴과욕이
그몸에뫼와나아가부모의붓그렴을더ᄒᆞ고물녀가
가쟝의더러움을더ᄒᆞᄂᆞ니이거시영화와욕의근본
이오나타나고막키노터이니가히삼가치아니ᄒᆞ랴
그러ᄒᆞᆫ즉시싀시ᄆᆡ의마음을구ᄒᆞᆷ이진실로겸숀ᄒᆞᆷ
에더ᄒᆞᆯ거시업시니겸숀은덕의ᄌᆞ루오숀은부녀의
힝실이니이두가지를아라랴족히써화ᄒᆞ리라시경
에ᄀᆞᆯ오ᄃᆡ져긔잇셔도미여ᄒᆞ리업고여긔잇셔도시
러ᄒᆞ리업다ᄒᆞ니이를이롬이니라

女四書卷之一

女四書卷之一

女四書卷之二

女四書卷之二

瑯琊王相晉升箋註

莆陽鄭漢濯之校梓

仁孝文皇后內訓

仁孝文皇后姓徐氏中山武寧王達之女明成祖文皇帝元配也博學好文著內訓二十篇以教宮壼○壼與閫同

御製序

吾幼承父母之教誦詩書之典職謹女事蒙先人積善餘慶夙備掖庭之選掖庭宮中兩掖廊除之間媵侍所居也不敢直言爲妃但謙言備宮掖媵侍之選耳事我孝慈高皇后高皇后姓馬氏太祖高皇帝元配也成祖高后第四子初封燕王洪

武中選文皇后爲燕王妃建文四年燕王靖難稱帝立妃爲后朝夕侍朝上朝字音招下字音潮高

皇后教諸子婦禮法唯謹吾恭奉儀範日聆教言祗敬佩

服不敢有違爾事今皇帝三十餘年今皇帝成祖也一遵先志

以行政教遵高皇后之志行其政教於宮內也吾思備位中宮愧德不似歉

於率下無以佐皇上內治之美以忝高皇后之訓謙詞

正位中宮媿無德率下以成內治有玷於先后之教常觀史傳求古賢婦貞女雖稱

德性之懿亦未有不由於教而成者言史書所載賢女雖多未有不教而善者

古者教必有方男子八歲而入小學女子十年而聽姆教

此禮記之言姆教女師之教也小學之書無傳晦菴朱子爰編輯成書爲

小學之教者始有所入古小學之書散失無傳宋朱晦菴公熹始編撰小學以訓幼學獨

女敎未有全書世惟取范曄後漢書曹大家女誡爲訓恒病其畧有所謂女憲女則皆徒有其名耳 小學之敎施於幼男而訓女之書則未備焉惟南朝劉宋時范曄作後漢書內載漢曹大家女誡七篇可謂善矣但病其文辭簡畧闡發未全而所引女憲女則之書又俱遺佚徒存其名耳 近世始有女敎之書盛行大要撮曲禮內則之言與周南召南詩之小序及傳記而爲之者 近世謂元末明初時有訓女之書數種皆是擇禮記毛詩之詞及古列女傳記合而爲之非一人之言 仰惟我

高皇后敎訓之言卓越往昔足以垂法萬世吾耳熟而心藏之乃于永樂二年冬用述 高皇后之敎以廣之爲內訓二十篇以敎宮壼 女學諸作旣無詳備之書於是仰承先志採輯敎言廣爲內訓以敎宮闈

夫人之所以克聖者莫嚴于養其德性以修其身故首之

以德性次之以修身此言內訓篇名之序聖猶善也書云克念作聖蓋人欲修其身必先養其德性故德性爲首而修身次之修身莫切於謹言行故次之以愼言謹行愼言謹行修身之基也故次之推而至於勤勵節儉而又次之以警戒勤儉者修身之用警戒所以黽勉提撕恐言行之或失勤儉之未能故次四者之後人之所以獲久長之慶者莫加於積善所以無過者莫加於遷善修身者見善則遷有過必改能遷能積修身之道畢矣數者皆身之要而所以取法者則必守我

高皇后之敎也故繼之以崇聖訓崇聖訓不忘高后之敎也遠而取法於古故次之以景賢範景賢範取法古之賢女也上而至於事父母事君事舅姑又推而至於母儀睦親慈幼待下而終之以待外戚君親長幼之克盡人倫之要備矣而外戚者后妃之家尤當裁之以禮不悖於法則長保其富

貴矣故以爲內訓之終顧以言辭淺陋不足以發揚深旨而其條目亦粗備矣觀者於此不必泥於言而但取于意其於內治之道或有裨於萬一云泥去聲○謙言此書辭淺陋而條目俱備讀書但取其意而省察焉庶可以資於內治矣

永樂三年正月望日序

ᄃᆡᄉᆞ셔권지이

인효문황후ᄂᆡ훈 인효문황후의셩은셔시오듕산무녕왕달의ᄯᆞᆯ이오명나라셩조문황뎨의원비라녈이비와글을ᄯᅩ와ᄎᆞ샤ᄂᆡ훈이십편을지여궁듕에가라치시니라

어졔셔

녀어려부모의가라치심을밧들어시녀의법을외야
킈인의일을맛더삼가ᄒᆞ고션인의젹션ᄒᆞ신나문경
ᄉᆞ를무릅써실즉이뎡(뎡은궁익이라)의션튁을갓초와우
리효ᄌᆞ고황후를셤겨죠셕으로죠회예뫼시니고황
후모든ᄌᆞ부를가라치샤례법을오직삼가케ᄒᆞ신지
라녀공쥰칙거동과법을밧들어날노가라치신말삼
을드려공경히패복ᄒᆞ야감히어긔지아니ᄒᆞ야공경
히이졔황뎨를셤겨삼십여년에혼갈갓치션황후의
ᄉᆞ드슬좃차써졍ᄉᆞ가라침을칭ᄒᆞ더니너즁궁의위를
메여닷(황후되시말이라)덕이불ᄉᆞᄒᆞ야아리거ᄂᆞ림에불죡ᄒᆞ、

야ᄡᅥ황샹ᄂᆡ치의아름다오심을도음이업셔곰황후
의가라치심을더러움이붓그러움을ᄉᆡᆼ각ᄒᆞ야ᄡᅥ
ᄉᆞ긔글을보와녯현부와졍녀ᄅᆞᆯ구ᄒᆞ니비록덕이아
름다옴을일카라시ᄂᆞ또ᄒᆞᆫ가라침으로말미암아알
위지아니ᄒᆞᆫ이잇지아니ᄒᆞᆫ지라녯졔가라침이반ᄃᆞ
시법이잇시니남ᄌᆞᄂᆞᆫ팔셰예쇼학의들고녀ᄌᆞᄂᆞᆫ십
셰예녀ᄉᆞ의가라침을드르니쇼학글이젼ᄒᆞᆷ이업ᄉᆞᆯ
ᄉᆡ회암쥬ᄌᆞㅣ(쥬ᄌᆞᄂᆞᆫ송나라현인이라)이예슈집ᄒᆞ샤글을엳유
시니쇼학의가라침을비호ᄂᆞᆫ쟈ㅣ비로소들배잇시
되호을노녀ᄌᆞ의가라침은온젼ᄒᆞᆫ글이잇지아니ᄒᆞ

녀셰샹아오직범엽후한셔의조ᄐᆡ고녀계를취ᄒᆞ야
훈계를ᄒᆞ되ᄒᆞᆼ샹그간략ᄒᆞᆷ을병되이녀기고이론바
녀헌과녀즉은다ᄒᆞᆫ갓그이름만잇논지라요쇠셰샹
의비로소녀교의글이셩힝ᄒᆞ니되강은곡례와니즉(곡례니즉은다 글이름이라)
의말과쥬남쇼남(쥬남쇼남은시경 의두편이름이라)과
시경쇼셔와렬녀젼을모두와밍근거시라우러러셩
각건된우리고황후가라치신말삼이녜보단탁월ᄒᆞ
샤쪽히써만셰의법을드리울지라니귀예의고마음
의갈머더니영락이년겨울에고황후의가라치심을
긔술ᄒᆞ야써널펴니훈이십편을ᄒᆞ야써궁즁을가라

치노나사ᄅᆞᆷ의능히어질밧쟈ᄂᆞᆫ그덕셩을곤너그몸
닷금만엄ᄒᆞᆷ이업ᄂᆞᆫ지라고로덕셩을로써머리ᄒᆞ고
몸닷금으로써버금ᄒᆞ고몸닷기ᄂᆞᆫ말과힝실삼가ᄒᆞᆷ
만간결ᄒᆞᆷ이업ᄂᆞᆫ지라고로말조심ᄒᆞ고힝실삼가ᄒᆞᆷ
으로써버금ᄒᆞ고미루어부지런ᄒᆞ고존결ᄒᆞᆫ되이르
러.ᄯᅩ경계로써버금ᄒᆞ고사ᄅᆞᆷ의써ᄀᆞ장ᄒᆞᆫ경ᄉᆞ를엇
ᄂᆞᆫ밧쟈ᄂᆞᆫ쳐션만더ᄒᆞᆷ이업고써허물업ᄂᆞᆫ밧쟈ᄂᆞᆫ쳔
션만더ᄒᆞᆷ이업ᄂᆞᆫ지라두어가지ᄂᆞᆫ다몸의죵요ᄅᆞᆷ이
니써취ᄒᆞ야법ᄒᆞᆫ쟈ᄂᆞᆫ반다시우리고황후의가라침
을직힘이라고로셩인훈계놉핌으로써이으고멸리

법을녯졔취ᄒᆞᄂᆞᆫ지라고로어진이법을우러름으로
써버금ᄒᆞ고우으로부모를셤기고인군을셤기며시
부모를셤김에이르고ᄯᅩ미루어모의장과목친장과
ᄌᆞ유장과뒤하장의이르고외쳑뒤졉홈으로써맛치
니도라보건ᄃᆡᆫ말이쳔루ᄒᆞ야죡히집픔ᄯᅳ슬를쳐ᄂᆞ
지못ᄒᆞᄂᆞ그됴목이ᄯᅩᄒᆞᆫ계우갓촌지라보ᄂᆞᆫ쟈ㅣ이
예반다시말에결리지말고다만ᄯᅳᆺ만취ᄒᆞ면그안을
다시리ᄂᆞᆫ도에혹만의효산이나유익홈이잇시리라

德性章第一

貞靜幽閑端莊誠一女子之德性也孝敬仁明慈和柔順

德性備矣貞固沉靜幽寂閒雅端楷莊爾誠實順一此八者女子之德性粹於中者也孝親敬長仁愛明察慈淑和睦溫柔恭順此八者女子之德性著于外者也女子能此德性全矣夫德性原於所禀而化成於習匪由外至實本於身夫音扶○禀受也習教之所移也言人之德性皆禀受於有生之初本有善而無惡及夫稍長因習氣而化父母教之以善則日就於賢明苟不率教而爲惡習所移日遷於不善而成下愚矣古之貞女理情性治心術崇道德故能配君子以成其教是故仁以居之義以行之智以燭之信以守之禮以體之匪禮勿履匪義勿由動必由道言必由信言古者貞淑之女能調攝其性情而不紊亂以治其心術而無邪僻尊崇道德而效法賢明始能克配君子以成內教仁主於心居而不移義發于事行而不悖智以燭理信以踐言禮以持躬禮義道信行動必由斯備乎德性矣匪言而言則厲階成焉匪禮而動則邪僻形焉閾以限言

王以節動禮以制心道以制欲養其德性所以飭身可不愼歟閫音鬱○厲禍亂也階梯也詩曰婦有長舌爲厲之階婦人不當言而言必爲禍亂之階不循禮而動則爲邪僻之事閫閨閫之界也禮內言不出於閫外言不入於閫是閫閾之間內外之限也古者女子行必佩王以爲禁步動則瑲然有聲無故不敢妄行也心恐專肆制之以禮欲恐放縱制之以道時時警飭其身必敬必愼庶能養其德性也無損於性者乃可以養德無累於德者乃可以成性凡一言一行無損於天性之良無玷於醇淑之德德以養其性性以成其德也積過由小害德爲大故大廈傾頹基址弗固也已身不飭德性有虧也小故不改必損大德基址不固宮室必傾德性弗脩則已身不飭百行俱虧矣美王無瑕可爲至寶貞女純德可配京室檢身制度足爲母儀勤儉不妬足法閨閫京大也配京室太家之婦也言貞女德性醇美如無瑕之王可以配大家君子檢約其身心修明其制度克勤

克儉不妬不忌足可以爲母儀而法于閨閫矣若夫驕盈嫉忌肆意適情以病其德性斯亦無所取矣古語云處身造宅黼身建德詩云俾爾彌爾性純嘏爾常矣黼音甫俾音卑嘏音古○驕自恣也盈自滿也嫉忌妬害也病損也黼錦繡黼黻之衣以比身之光榮也詩大雅卷阿之篇俾使也彌長久也性猶命也純享嘏福也言不賢者於己則驕於盈滿於人則嫉妬忌害放肆任意以順適其情而損其德性雖有他才亦無所取矣是以古詩有云欲安其身必須造宅欲華其身非取衣服之美必須立德然後光榮若召康公從周成王於卷阿之上頌王之詩云王旣有德以加於民信豈弟之君子矣天當使爾長永性命享集其福祿而常享之也凡爲男女具有其德福祚亦如是矣

덕셩장뎨일 덕셩을말ᄒᆞᆫ글이라

굿으며안졍ᄒᆞ며집슉ᄒᆞ며한가ᄒᆞ며단졍ᄒᆞ며엄슉ᄒᆞ며졍셩ᄒᆞ며젼일홈이녀ᄌᆞ의덕셩이니효도ᄒᆞ며공경ᄒᆞ여어질며발그며인ᄌᆞᄒᆞ여화평ᄒᆞ여유약ᄒᆞ여손슌ᄒᆞ면덕셩이갓초ᄂᆞ니라덕셩이품슈ᄒᆞᆫ바에근본ᄒᆞ야익키ᄂᆞᆫ되일위ᄂᆞ니박그로말ᄆᆡ암아이름이아니오실샹몸의근본ᄒᆞᄂᆞ니녯졔경녀가셩결을다시리며심슐을다시려도덕을놉피ᄂᆞᆫ고로능히군ᄌᆞ를ᄶᅡᆨᄒᆞ야써그가라침을일위ᄂᆞᆫ지라이런고로어질므로써거ᄒᆞ여의로써힝ᄒᆞ여지혜로써알며신으로써직히여례로써톄밧사례아니면밥자아니ᄒᆞ여의아니면말ᄆᆡ암지아니ᄒᆞ여움지기ᄆᆡ반다시도로말ᄆᆡ암으며말ᄒᆞ면반다시신으로말ᄆᆡ암ᄂᆞ니말아

니홀듸말ᄒᆞ죡지잠이일위고례아넌듸옴지간죡샤
곡ᄒᆞ고편벽홈이나타나ᄂᆞᆫ지라문덕(문덕은안방ᄉᆞ 문한졍이라)ᄉᆞ
로써말을한계ᄒᆞ고옥(볏졔녀쟈옥올ᄎᆞ써황 ᄒᆞᄂᆞᆫ졀ᄎᆞ를ᄒᆞ더니라)보으로
움지김을한결ᄒᆞ고례로써마음을제어ᄒᆞ고도로써
욕심을졔어ᄒᆞ야그덕셩을길음이써몸을슈칙ᄒᆞᄂᆞᆫ
비니가히삼가치아니ᄒᆞ랴본셩에덜림이업ᄂᆞᆫ이야
가히써덕을길으고덕에더레움이업ᄂᆞᆫ이야가히써
본셩을일윌지라허물싸음은져근듸로말ᄆᆡ암ᄋᆞᄂᆞ
덕ᄒᆡ로움은큼이되ᄂᆞ니ᄭᅩ로큰집이문어짐은집벽
완고치못홈이오몸슈칙지못홈은덕셩이이즈러짐

이잇심이니라아름다온옥이티업서야가히지극ᄒᆞᆫ
보ᄇᆡ되고졍녀가덕이슌젼ᄒᆞ여야가히ᄃᆡ가의ᄇᆡ필
이되리니몸을겸찰ᄒᆞ고법도을말아시면죡히어미
거동이되고부지런ᄒᆞ여검박ᄒᆞ고투긔치아니ᄒᆞ면
죡히규문에법이되ᄂᆞ니라만일교만ᄒᆞ고가득ᄒᆞ고
투긔ᄒᆞ여ᄯᅳᆺ슬방ᄌᆞ히ᄒᆞ고졍을임으로ᄒᆞ야써그덕
셩을병되게ᄒᆞ면이ᄯᅩᄒᆞᆫ취ᄒᆞᆯ비엽ᄂᆞ니라녯말에이
로ᄃᆡ몸을쳐ᄒᆞᆯᄂᆞ미집을짓고몸을빗낼ᄂᆞ미덕을셰
운다ᄒᆞ고시경에이로ᄃᆡ녀로ᄒᆞ여곰네목심을지리
ᄒᆞ야두터온복을비ᄒᆞ샹밧드리라ᄒᆞ니라

修身章第二

或曰太任目不視惡色耳不聽淫聲口不出傲言若是者修身之道乎（此設或問答之辭太任王季之妃文王之母也禮言其姙文王時目不邪視耳不傾聽口無傲言席不正不坐謂之胎敎故問此數者可謂修身已乎）曰然古之道也夫目視惡色則中眩焉耳聽淫聲則內嬈焉口出傲言則驕心侈焉是皆身之害也故婦人居必以正所以防慝也行必無陂所以成德也（嬈音鳥慝音忒陂音祕○眩惑亂也嬈奪害也慝差失也陂偏也答以所問乃古聖人修身之道也蓋視惡色則眩亂於性情聽淫聲則嬈奪其德性出傲言則驕侈之心生三者皆身之害也故居必以正行必無偏所以防邪而成德也）是故五綵盛服不足以爲身華貞順率道乃可以進婦德不修其身以爽厥德斯爲邪矣（爽差背也率由也言

盛服不足爲美惟貞順循率道理以成婦德不修身而背德斯爲邪慝矣諺有之曰治穢養苗無使莠驕剗荆翦棘無使塗塞是以修身所以成其德也莠音酉剗音產○諺俗語也莠稗草亂苗者也剗鉏也除治汚穢耘理禾苗而不使稗莠生長以亂稻穀剗翦荆棘無使壅塞道塗猶修身以育德也夫身不修則德不立德不立而能成化於家者蓋寡矣而況於天下乎不修身立德而能治家者鮮矣況天下乎是故婦人者從人者也夫婦之道剛柔之義也昔者明王之所以謹婚姻之始者重以續之道也家之隆替國之廢興於斯係焉嗚呼閨門之內修身之敎其可不愼之哉似有也續繼也隆興也替廢也言婦人之義主從伏於人陽剛陰柔夫婦之義也故古聖帝明王謹始於夫婦重其克有先妣繼續祭祀詩曰似續祖妣此之謂也蓋婦人賢不賢而家國之盛衰興廢由玆係焉閨門之內不可不愼也

슈신쟝뎨이 몸닷ᄂᆞᆫ도리를 말ᄒᆞᆫ글이라

혹이글오ᄃᆡ틔임 틔임은쥬나라뮨왕의어만이라 이눈으로악ᄒᆞᆫ빗ᄎᆞᆯ보지아니ᄒᆞ며귀로음탕ᄒᆞᆫ소릐를듯지아니ᄒᆞ며입으로거만ᄒᆞᆫ말을내지아니ᄒᆞ시니이갓치ᄒᆞᆷ은몸닷ᄂᆞᆫ도리니라글오ᄃᆡ그러ᄒᆞ다녯도리니라눈으로악ᄒᆞᆫ빗ᄎᆞᆯ본즉즁심이어지럽고귀로음탕ᄒᆞᆫ소릐를드른즉안마음이세지고입으로거만ᄒᆞᆫ말을낸즉ᄭᅩ만ᄒᆞᆫ마음이나ᄂᆞ니이다몸의ᄒᆡ라고로부인이거ᄒᆞᆷ을반다시졍당ᄒᆞᆷ으로ᄒᆞᆷ은써샤특을막ᄂᆞᆫ비오칭ᄒᆞᆷ을반다시편벽ᄒᆞᆷ이업게ᄒᆞᆷ은써덕을일위ᄂᆞᆫ비니라이

런고로오치의졍복이족히써몸에빗치되지못ᄒᆞ고
굿고슌ᄒᆞ야도를좃차야이예가히부덕의나아감이
니몸을닷지아니ᄒᆞ야덕을어굿지면이예샤특이되
ᄂᆞ니라샹말의잇시니골오뒤거칠믈다시려곡식싹
을길녀피로ᄒᆞ여곰졍ᄒᆞᆷ이업게ᄒᆞ고가시를벼여길
노ᄒᆞ여곰막킴이업게ᄒᆞ라ᄒᆞ니이럼으로몸을닷금
이써덕을일위ᄂᆞᆫ비니라몸을닷지아니ᄒᆞᆫ즉덕이셔
지못ᄒᆞ고덕이셔지못ᄒᆞ면능히집의프화를일월이
젹거든하말며텬하라이런고로부인은사ᄅᆞᆷ을좃ᄂᆞᆫ
쟈ㅣ니부부의도ᄂᆞᆫ강유외의리라녯졔발근인군이

써혼인의비로솜을삼가ᄒᆞ신바ᄂᆞᆫ곤이음을즁히
ᄒᆞ시ᄂᆞᆫ도ㅣ니집의셩ᄒᆞ고쇠홈과나라의폐ᄒᆞ고흥
홈이이에미인자라슬프다규문안의슈신ᄒᆞᄂᆞᆫ법을
심써삼가홀지어다

愼言章第三

婦教有四言居其一心應萬事匪言曷宣言而中節可以免悔言不當理禍必從之 四教謂德言容工所謂四德也言婦言爲四教之一人以一心應萬事不言則何以宣暢其意然言必中節則事無後悔言不中理則禍辱必隨之 諺曰誾誾謇謇匪石可轉訾訾譊譊烈火燎原又曰口如扃言有恒口如注言無據甚矣言之不可不愼也 誾音銀謇音蹇訾音貲譊音鐃扃音君○誾誾

和悅也謇謇理順而辭正也匪石堅執之也有甚于石也訾訾毀謗也譂譂讒諂而無定也扃如戶之啓闔以時也注如水一瀉如注而無止節也言古諺有云人若和顏悅色敷陳有道之正言于人雖堅强如石之人亦可轉移而從正如出言訾毀譂薄利口傷人其禍如猛火燎乎原之枯草不可救也又曰口如門戶常閉條發有時則其言語有恒爲人所重若但傾瀉如注水而不收則其言狂妄而無禁爲人所厭矣可不愼哉

況婦人德性幽閒言非所尚多言多失不如寡言故書序牝鷄之晨詩有厲階之刺禮嚴出梱之戒善于自持者必如此而加愼焉庶乎其可也

梱與閫同○牝雞雌雞也晨當晨而鳴也言婦人之道本不尚言辭言多則多失故書云牝雞之晨惟家之索指婦人多言而亂家政如雌雞晨鳴不祥之兆家必蕭索也詩云婦有長舌爲厲之階言禍亂必生也禮外言不入內言不出以梱域爲戒聖賢經之戒婦言如此其愼婦人欲修其身不可不謹也歟

愼之有道乎曰有學南宮縚可也

此又設爲問答之辭南宮縚又名适孔子弟子

字子容也南容讀言常三復衛武之詩爲戒其詩曰白圭之玷尚可磨也斯言之玷不可爲也言白王之圭若有瑕玷尚可磨而去之言語有玷則出於口而難追不可爲也故夫子嘉其謹言以兄女妻之婦女欲其謹言當以此爲法

夫緘口內修重諾無尤寧其心定其志和其氣守之以仁厚持之以莊敬質之以信義一語一默從容中道以合於坤靜之體則讒匿不作而家道雍穆矣○緘音咸中去聲緘猶閉也諾許也尤過也言婦人寡言則內行修明愼其許諾必踐其言則無愆又志氣堅定辭容和洽存仁而廣敬一以信義爲本語默之間中節合度坤陰體而地之道婦人之義也婦能靜默合乎坤貞之體則讒言不與邪慝不作而家道雍肅則和睦矣

故女不矜色其行在德無鹽雖陋言用於齊而國以安孔子曰有德者必有言有言者不必有德行去聲○言爲婦女不矜眩其色惟以德行爲要昔無鹽鍾氏之女容貌鄙陋齊王聞其賢而立以爲后王用其言而齊國大治故孔子

曰人之有德者非無言也而言必中節若
夫有言者徒恃巧佞之言而未必有德也

신언쟝뎨삼 言을조심ᄒᆞᄂᆞᆫ말이라

부인의가라침이네가지잇시니말이그하나에거ᄒᆞ지라마음이만ᄉᆞ를응ᄒᆞᄂᆞ니말이아니면엿지베플리오말이례졀의마지면가히써뉘쳐ᄒᆞᆷ을면ᄒᆞ고말이리치에당치못ᄒᆞ면ᄌᆡ앙이반다시좃ᄂᆞ니라샹말에ᄀᆞᆯ오ᄃᆡ화열ᄒᆞᆫ안식과슌경ᄒᆞᆫ말은싸홈이돍이아니라가히궁글리며휘담ᄒᆞ고말이만ᄒᆞ면밍렬ᄒᆞᆫ불이어덕을불ᄉᆞ름갓다ᄒᆞ고또ᄀᆞᆯ오ᄃᆡ입이뮨갓게ᄒᆞ면말이덧덧ᄒᆞᆷ이잇고입이물ᄉᆞᆫ듯갓게ᄒᆞ면말이짐

거업다ᄒᆞ니심ᄒᆞ다말을가히삼가ᄒᆞ지아니치못ᄒᆞᆯ
지니라하말며부인의덕셩이진슉ᄒᆞ고한가ᄒᆞ야말
을숨샹ᄒᆞᄂᆞᆫ비아니라말이만ᄒᆞ면파실이만ᄒᆞᆯ지니
말졀금만갓지못ᄒᆞᆫ지라고로셔경(셔경은글이름이라)에암ᄃᆞᆰ
이새벽에울믈믈리치고시경에지앙계졔의수지렴
이잇고례긔(례긔ᄂᆞᆫ글이름이라)에문턱에나ᄂᆞᆫ경계를엿히ᄒᆞ、
나스스로몸갓기를잘ᄒᆞᄂᆞᆫ이ᄂᆞᆫ반다시이에삼가ᄒᆞᆷ
이거의가ᄒᆞ니라그러ᄒᆞᆫ즉삼가ᄒᆞᆷ이도ㅣ잇나낫골
오뒤남궁도(남궁도ᄂᆞᆫ노나라사ᄅᆞᆷ이니말을삼가ᄒᆞ니라)를비옴이가ᄒᆞ니
라입을닷어안히실ᄒᆞᆯ닷고혀낙을숨히ᄒᆞ야허물이

엽셔그마음을편안이ᄒᆞ며그ᄯᅳ슬뎡ᄒᆞ며그긔운을
화히ᄒᆞ야인후로ᄡᅥ직히며식식ᄒᆞ고공경홈을로ᄡᅥ
가지며신파의로ᄡᅥ근본을삼아ᄒᆞᆫ번말홈과ᄒᆞᆫ번잠
잠홈을도리예맛게ᄒᆞ야ᄡᅥ사다의안졍ᄒᆞᆫ톄예합ᄒᆞᆫ즉
참소와샤특이이러나지아니ᄒᆞ고가도가화목ᄒᆞ리
라ᄒᆞ고로녀인이낫빗출자랑치아니ᄒᆞ고그힝실이더
에잇ᄂᆞᆫ지라무염(무염은얼골이심히루츄ᄒᆞ되ᄃᆡ힝이잇시니졔왕이후비를삼으니라)
이얼골이루츄ᄒᆞ나말이졔왕의게ᄡᅵ여나라이편안
ᄒᆞ니공ᄌᆞㅣ글ᄋᆞ샤ᄃᆡ덕이잇ᄂᆞᆫ이ᄂᆞᆫ반다시말이잇
고말만잇ᄂᆞᆫ이ᄂᆞᆫ반다시덕이잇지아니타ᄒᆞ시니라

謹行章第四 行去聲章內同

甚哉婦人之行不可以不謹也自是者其行專自矜者其行危自欺者其行驕以汙行專則綱常廢行危則疾戾興行驕以汙則人道絕有一於此鮮克終也鮮上聲○言婦人之行以德爲先苟無德行則自以爲是者其行必專擅而自由矜高自誇者其行必危殆而不安昧心而自欺者其行必驕肆而妄行汙賤之事蓋自專者無君無夫而廢綱常之大節自危者則招人疾惡而災禍生自驕而行汙賤者則婦道絕滅而非人類矣三者有一鮮有終身無咎者也夫干霄之木本之浚也凌雲之臺基之厚也婦有令譽行之純也本浚在乎栽培基厚在乎積累行純在乎自力不爲純行則戚疏離焉長幼紊焉貴賤淆焉淆音爻○言干霄之大木由於根本浚固凌雲之高臺由於基址之堅厚婦人有賢名令譽由於德

行之純備而根本深在於我培植養之功基址之厚在于積累增高之力婦行之純在於自盡其力而無一毫虧欠婦行不純則不論親疎皆離間而遠之長幼之禮紊雜貴賤之分淆亂而不整矣是故欲成其大

當謹其微縱於毫末本大不伐昧於冥冥神鑒孔明百行一虧終累全德

言人欲成大節者當謹察其細微如枝纖於毫末之細則其禍必至于如萌芽之生則枝蔓綿延而不可斬伐也冥冥幽暗之中如以爲無人知覺而自昧其心不知神天鑒察孔大而彰明也婦人之行百有一虧則全德有損矣

體柔順率貞潔服三從之訓謹內外之別勉之敬之始終惟一

言婦人之道當體溫柔敬順之義持貞固靜潔之操在家從父出嫁從夫夫死從子三從之訓不失內外之禮必謹黽勉莊敬以持其身愼始愼終一心無二斯爲可矣

由是可以修家政可以和上下可以睦親戚而動無不協矣易曰恒其德貞婦人吉此之謂也

協和也理也易恒卦之辭言婦行旣備則家政修而上下和親

戚睦而萬事理恒常也久也易之言久於德而不易
婦人之正吉之道故其象曰婦人貞吉從一而終也

근힝쟝뎨ᄉᆞ 힝실을심가히ᄒᆞᄂᆞᆫ글이라

심ᄒᆞ다부인의힝실을가히삼가치아니치못ᄒᆞᆯ재시니스스로올히녀기ᄂᆞᆫ쟈ᄂᆞᆫ그힝실이쳔단히ᄒᆞ고스스로교만ᄒᆞᆫ쟈ᄂᆞᆫ그힝실이위틔ᄒᆞ고스스로소기ᄂᆞᆫ쟈ᄂᆞᆫ그힝실이교만ᄒᆞ야더럽ᄂᆞ니힝실이쳔단ᄒᆞᆫ즉강샹이폐ᄒᆞ고힝실이위틔ᄒᆞᆫ즉미여홈과ᄌᆡ앙이이러ᄂᆞ고힝실이교만ᄒᆞ야더러운즉인도가ᄭᅳᆫ어지ᄂᆞ니한가지라도이예잇시면능히맛치리져그니라하놉의닷ᄂᆞᆫ남우ᄂᆞᆫᄲᅮ리깁고구룸을릉멸ᄒᆞᄂᆞᆫ듸 뒤ᄂᆞᆫ흙을

놉펴산거시라논터이두텁고부인이어진명여잇시믄힝실
이슌젼홈이니샤리기품은심어붓도둠에잇고터두
터움은겨루홈위잇고힝실이슌젼홈은스스로심씸
에잇ᄂᆞ니슌젼ᄒᆞᆫ힝실을ᄒᆞ지아니ᄒᆞᆫ즉친쳑이써나
며장유가문란ᄒᆞ여귀쳔이효잡ᄒᆞᄂᆞ니이런고로그
큼을일위고쟈ᄒᆞᆯ진ᄃᆡᆫ맛당히그져금을삼가ᄒᆞᆯ지니
털ᄉᆞᆺ만ᄒᆞᆫ듸방죵히ᄒᆞ면근본이커져베히지못ᄒᆞᄂᆞ
니라어둔듸셔소기면귀신의보심이심히밝고일뵉
힝실에하나만이지러지면맛참ᄂᆡ오롯ᄒᆞᆫ덕을더러
피ᄂᆞ니라유슌을태밧고경결을조ᄎᆞ삼죵삼죵은친가에잇셔

(노아바이를좃고시가에가셔노가쟝을 좃고가쟝이죽어셔노아달을좃침이라)의훈계를힘ᄒᆞ여ᄂᆡ외분별을삼가ᄒᆞ야심씨며공경ᄒᆞ야시죵이한갈갓치ᄒᆞ라일노말ᄆᆡ암아가히써집졍ᄉᆞ를닷그며가히써샹하를화ᄒᆞ여가히써친쳑을화목ᄒᆞ야움지김이맛지아니홈이업시리니쥬역에ᄀᆞᆯ오ᄃᆡ그덕을홍샹ᄒᆞ야곳게ᄒᆞ면부인의길홈이라ᄒᆞ니이를이롬이니라

勤勵章第五

怠惰恣肆身之災也勤勵不息身之德也(言人怠慢而不敬於事懶惰而不勤於力放恣而不檢其身侈肆而不謹於禮此四者爲伐身之災勤劬勉勵孜孜不息爲成身之德)是故

農勤於耕士勤於學女勤於工農惰則五穀不穫士惰則學問不成女惰則機杼空乏（耕者農之事惰而廢耕則五穀荒學者士之業惰而不學則學問疎工者女之務不勤于工則機杼空而家道乏）古者后妃親蠶躬以率下庶士之妻皆衣其夫紡績有制愆則有辟（言古者王后親務蠶桑率妃御織紝以供祭服大夫士庶之妻皆躬制衣服爲夫之服春則蠶工於農使男耕而女織秋則計其功效其績收穫寡而織紝少則爲愆過加以罪辟乃先王之制也）夫治絲執麻以供衣服冪酒漿具菹醢以供祭祀女之職也不謹其事以廢其功何以辭辟（冪音密菹音疽醢音海○冪醞造也菹醃菜醢漿也治絲麻以成服造酒漿菹醢以備祭祀宴歡皆女之事也不勤事而廢女工難辭責罰矣）夫早作晚休可以無憂縷績不息可以成匹戒之哉毋荒寧荒寧者劇身之廉刃也雖不見其鋒陰爲所

戕矣 剺音歲戕音牂○荒廢棄也寧安閒也剺斬劃也靡刺也戕殺害也又引古語云婦人早起工作而晚始休息斷可無憂一絲一縷紡績而不息乃可以成丈匹無荒棄工作而好安閒安閒之害如斬身之刺刃雖不見其蹤迹而身暗害其所傷矣

詩曰婦無公事休其蠶織此怠惰之戒也於乎貧賤不怠惰者易富貴不怠惰者難當勉其難毋忽其易 於音烏○詩大雅瞻卬之篇休舍也引詩言婦人無公家之謀惟治蠶桑織紝之事而已今反干預公事舍其蠶織而不務則怠惰之慾甚矣因戒之曰婦人處於貧賤之家不惰甚易處富貴驕奢之地欲其不惰甚難人當警勉其所難不可忽畧所易也○卬音仰

근려쟝뎨오 부지런ᄒᆞ고 심써 ᄯᅳᆯ이라

게우르고방ᄉᆞᄒᆞᆷ은몸의저앙이오부지런ᄒᆞ고심써취지아니ᄒᆞᆷ은몸의뎌이라이런고로농부ᄂᆞᆫ갈기예

부지런이ᄒᆞ고녀인
은녀공에부지런이ᄒᆞᄂᆞ니농부ㅣ게우른즉오곡을
거두지못ᄒᆞ고션비게우른즉학문이일우지못ᄒᆞ고
녀인이게우른즉베틀과북이비ᄂᆞ니라녯제후비비후
노인군의부인이라친히두에를쳐몸소아리를거ᄂᆞ리고여러
션비의아ᄂᆡ다그가장을쉽펴방젹을심씀이법이잇
고허물이잇ᄉᆞᆫ즉죄잇ᄂᆞ니라실을다시리고삼을잡
아의복을쟝만ᄒᆞ여ᄉᆞᆯ과쟝을덥프며침치와젓슬갓
초와써졔ᄉᆞ를밧들믄녀인의직셥이니그일을부지
러니아니ᄒᆞ야그공을폐ᄒᆞ면엇지그죄를ᄉᆞ양ᄒᆞ리

오일즉아러ᄂᆞ고늣거ᄉᆞ면가히근심이업고절삼을
쉬지아니ᄒᆞ면가히필배를일월지니경계ᄒᆞᆯ지어다
쳐칠고편안치말라거칠고편안ᄒᆞᆷ은몸을베히ᄂᆞᆫ리
로온칼놀이니비록그놀을보지못ᄒᆞ나가마니샹ᄒᆞᆫ
바되ᄂᆞ니라시경에ᄀᆞᆯ오ᄃᆡ부인이공ᄉᆞ업거ᄂᆞᆯ누에
길으고베ᄶᆞᆷ을쉰다ᄒᆞ니이ᄂᆞᆫ게으른악이라슬프다
빈쳔ᄒᆞ고게우르지아니ᄒᆞᄂᆞᆫ이ᄂᆞᆫ쉽고부귀ᄒᆞ고게
우르지아니ᄒᆞᄂᆞᆫ이ᄂᆞᆫ어려우니맛당이그어려움을
심씨고그쉬음을경홀이말지니라

節儉章第六

戒奢者必先於節儉夫澹素養性奢靡伐德人孰知之而取舍不決焉何也志不能帥氣理不足御情是以覆敗者多矣言正奢莫知儉儉澹泊朴素所以養其醇性奢華靡麗所以損其婦德人亦皆知之多不能崇儉而好奢其故何也盖心志爲習氣所移而不能帥之以正道理爲情欲所迷而不能御之以禮故因之以敗德者多矣傳曰儉者聖人之寶也又曰儉德之共也侈惡之大也共音恭侈音恥○傳左氏之傳也言聖人富天下莫知崇儉欲人久敬而禮不衰亦莫若用儉故曰德之共共者大侈生於奢僭生於侈越禮犯分莫大於侈故曰惡之大也若夫一縷之帛出工女之勤一粒之食出農夫之勞致之不易而用之不節暴殄天物無所顧惜上率下承靡然一軌孰勝其弊哉殄音田上聲勝音升○言[illegible][illegible]雖微女工不易粒粟雖少寢力難成若用之不節是爲暴殄天物罪莫大焉奈何愚者不悟上下相承不知其弊乎夫

錦繡華麗不如布帛之溫也奇饈美味不如糲粢之飽也且五色壞目五味昏智歆清茹淡祛疾延齡得失損益判然懸絶矣糲粢音臘資祛音驅○糲粗米粢盛飯祛却也言錦繡雖華不如布帛之煖珍饈雖美不如粗飯之飽且五色眩人之目五味損人心智清淡飲食反能却病而延壽豈不曉然易見乎

古之賢妃哲后澣濯守此故絺綌無斁見美於周詩大練麤疏垂光於漢史敦廉儉之風絶侈麗之質天下從化是以海內殷富閭閻足給焉絺綌音郗隙斁音亦麤麤同粗○精葛曰絺粗曰綌斁厭也言古聖人后妃莫不戒奢崇儉葛覃之詩言文王之妃自製精粗之葛布以爲衣裳服之而不厭後漢書言明帝馬皇后服白練麤疏之衣首無珍飾而後宮從化天下法之是以周漢之盛時海內富庶家飽煖而人足贍焉

蓋上以導下內以表外故后必敦節以率六宮諸侯之夫人以至士庶之妻

皆敦節儉以率其家然後民無凍餒禮義可興風化可紀矣餒奴尾反○言爲后者必躬行節儉以表率六宮之妃勝諸侯夫人以及士大夫庶人之妻亦皆崇尚節儉以率其家衆然後人民皆富庶無凍餓百姓皆知禮義風化之美可以紀述矣

或有問者曰節儉有禮乎曰禮與其奢也寧儉然有可約者焉有可腆者焉是故處己不可不儉事親不可不豐腆音忝○或問節省儉約恐不中禮柰何答以孔子有云禮與其奢也失度不若儉而守約然事有可省約者不得不約亦有可豐腆者焉亦不得不豐故儉以處己豐以事親斯爲至矣

절검장뎨륙 존절ᄒᆞ고검박홈을이른글이라

사치를경계ᄒᆞᄂᆞᆫ이ᄂᆞᆫ반다시존절과검박에면려ᄒᆞᄂᆞ니담박ᄒᆞ고검소홈은경셩을길으고사치ᄒᆞ고화

려ᄒᆞᆷ은덕을ᄒᆡᄒᆞᆷ은사ᄅᆞᆷ이다알되츄ᄒᆞ고노ᄋᆞᆷ을결
단치못ᄒᆞᆷ은엿짐이뇨ᄯᅳᆺ이능히긔윤을거ᄂᆞ리지못
ᄒᆞ고도리가쪽히졍욕을졔어치못ᄒᆞᆷ이니이럼으로
피망ᄒᆞᄂᆞᆫ이만ᄒᆞ니라좌젼 좌젼은글이름이라 에ᄀᆞᆯ오ᄃᆡ검박
은셩인의보비라ᄒᆞ고ᄯᅩᄀᆞᆯ오ᄃᆡ검박은덕의공슌ᄒᆞᆷ
이오샤치ᄂᆞᆫ악의큼이라ᄒᆞ니한실마리베ᄂᆞᆫ질삼ᄒᆞ
ᄂᆞᆫ녀인의부지런ᄒᆞᆷ의나고한ᄡᆞᆯ이기밥은농부의슈
고로옴의나ᄂᆞ니일윔이쉽지아니ᄒᆞ거ᄂᆞᆯ씨기를조졀
이아니ᄒᆞ야하ᄂᆞᆯ이ᄂᆡ신물건을쳔이ᄒᆞ야도라보와
위션비엽셔우의셔거ᄂᆞ리고아ᄅᆡ셔밧드러씨려져

한모양이되면뉘그폐단을이기랴비단빗나고고음
이포뵈의다숨만갓지못ᄒᆞ며긔특ᄒᆞᆫ반찬과아름다
온마서거친밥의비부름만갓지못ᄒᆞ고ᄯᅩ오식이눈
을어지럽게ᄒᆞ며오미가지혜를어둡게ᄒᆞ고말금을
마시며심거움을머그면병을바리고슈를더ᄒᆞᄂᆞ니
득실과손익이판연히달으니라녯졔어진왕비와어
진왕후ㅣ집피경계ᄒᆞ야이를직힌고로칙베를시러
아니홈은쥬나라글에아름다이녀기고비단거칠고
셜은거슬입음은빗치한나라ᄉᆞ긔에되루니쳥렴ᄒᆞ
고검박ᄒᆞᆫ바람을도탑게ᄒᆞ며샤치ᄒᆞ고화려ᄒᆞᆫ근보

을슨어텬하좃ᄎᆞ화ᄒᆞ니이럼으로ᄒᆞ니셩ᄒᆞ여부ᄒᆞ
끄여염이족ᄒᆞ여녀녁ᄒᆞ니라ᄃᆡ기우의여아릐를인
도ᄒᆞ끄안의셔밧글거놀인끄로황후ㅣ반다시존졀
ᄒᆞᆷ을도타히ᄒᆞ야써륙궁을거놀이끄져후의부인부
터ᄉᆞ셔인의아너예이르히다졀검을도타히ᄒᆞ야써
그집을거ᄂᆞ린연후에벅셩이열끄쥬림이업셔례의
를가히이러녀끄풍화를가히긔술ᄒᆞ리라혹믓논이
잇셔ᄀᆞᆯ오ᄃᆡ졀검ᄒᆞᆷ이례잇ᄂᆞ냐ᄀᆞᆯ오ᄃᆡ례그샤치ᄒᆞᆷ
으로더부러론차라리검박ᄒᆞᆯ거시ᄂᆞ그러ᄂᆞ가히간
략히ᄒᆞᆯ듸도잇시며가히두터히ᄒᆞᆯ듸도잇시니이런

고로쳐신홈은가히검박지아니치못ᄒᆞ고어버이셤김은가히풍비치아니치못홀지니라

警戒章第七

婦人之德莫大於端已端已之要莫重於警戒居富貴也而恒懼乎驕盈居貧賤也而恒懼乎敗失居安寧也而恒懼乎患難奉危在手若將傾焉擇地而旋若將陷焉 難去聲奉上聲○言婦德莫大於正己正己莫貴於警戒富貴常懼驕盈而獲咎貧賤常懼喪敗而無以存安寧常懼患難而危其身如奉滿危於持而恐其傾之如履險地擇步而恐其陷墜斯可謂警戒矣 故一念之微獨處之際不可不愼謂無有見能隱於天乎謂無有知不欺於心乎 一念之微至幽也獨處之際至暗也不可不愼謂無人見天實臨之謂無人知而自心不可欺也

故肅然警惕恒存乎矩度湛然純一不干於非僻舉動之際如對舅姑閨門之間如臨師保不惰於冥冥不驕於昭昭行之以誠持之以久顯隱不貳由是德宜於家族行通於神明而百福咸臻矣

言當致其恭肅警心惕勵恒守賢人之規矩制度其心沉湛專純不干犯非禮邪僻之事一舉一動必敬必愼如對舅姑之前雖處閨房褻密之間而嚴肅矜持如師保臨之不敢放縱不以冥冥無人之處而惰其儀容不以昭昭人衆之中故矯其顏貌誠實以行其事久長以持其心明顯幽隱行之不二如是則女德化於家族誠信格於神明而百福臻集於其身矣

夫念慮有常動必無過思患預防所以免禍一息不戒災害攸萃累德終身悔何追矣

言人舉必動念思慮之間常存規度不越於禮則行動必無過咎凡事之有患未及於身宜預爲防備而消釋之則災禍自遠矣若一息之頃明知有害而不能忍不知戒則禍患成而災害常集於身虧損德行追悔無及

矣是故鑑古之失吾則得焉惕厲未形吾何尤焉詩曰相在爾室尚不愧於屋漏禮曰戒慎乎其所不覩恐懼乎其所不聞此之謂也 相去聲○詩大雅抑之篇禮曰二句中庸之言而云禮者盖中庸大學皆禮記篇中之書也相視也屋漏室隅透光處也言警戒之道當如何宜鑑古人行事之失吾戒之而不蹈其非吾則得而不失矣當於禍害未形之先吾警之而潛消其患吾則勉而無過矣抑之詩曰視爾在爾暗室之間能不愧于屋漏則凡事無過矣盖暗室人不見不聞之地而屋漏之光天實臨之可自昧其心乎是故慎獨之君子於人不睹不聞之地猶存戒慎恐懼之心其警察惕厲嚴密如此然後能寡過也

경계장뎨칠 경계ᄒᆞᄂᆞᆫ 글이라

부인의덕이몸단졍이ᄒᆞᆷ만큼이업고몸단졍이ᄒᆞᄂᆞᆫ즁요롬이경계ᄒᆞᆷ만즁ᄒᆞᆷ이업시니부귀예거ᄒᆞᆷ이ᄒᆞᆼ

샹교만ᄒᆞ고가득ᄒᆞᆯ가두려ᄒᆞ고빈쳔은거ᄒᆞᆷ의ᄒᆞᆼ샹
퓌ᄒᆞ야이를가두려ᄒᆞ고편안ᄒᆞᆫ듸거ᄒᆞᆷ의ᄒᆞᆼ샹환난
을두려ᄒᆞᆯ지니잔을밧드러손의잇심의장ᄎᆞ기우러
질것갓치ᄒᆞ고ᄯᅡ를가려딩김의장ᄎᆞᄲᅡ질것갓치ᄒᆞ
ᄂᆞ니고로한ᄉᆡᆼ각의셰미ᄒᆞᆷ과호올노쳐ᄒᆞᄂᆞᆫ지음에
가히삼가치아니치못ᄒᆞᆯ지니보ᄂᆞᆫ이업다이른달능
히하ᄂᆞᆯ셰숑기여야ᄂᆞᆫ이업다이른달마음에소김이
아니냐고로엄슉히셰우고두려ᄒᆞ야ᄒᆞᆼ샹법도의잇
고맑어숀일ᄒᆞ야그르고샤벽ᄒᆞᆫ듸범치아니ᄒᆞ야거
동ᄒᆞᆯ지음에싀부모를듸ᄒᆞᆷ갓치ᄒᆞ고규문싀이예스

숑을당홈갓치ᄒᆞ야어둔듸게울리아니ᄒᆞ고발근듸
ᄲᅳ만치아니ᄒᆞ야힝홈을경셩으로ᄒᆞ고직힘을오릭
ᄒᆞ야나타ᄂᆞ고은미ᄒᆞᆫ듸두마음을아니ᄒᆞ니일노말
ᄆᆡ암아덕이종족의맛당ᄒᆞ며힝실이신명의통ᄒᆞ야
ᄇᆡᆨ복이다이르ᄂᆞ니라ᄉᆡᆼ각이덧덧홈이잇시면움지
김이반다시허물이업고환난을ᄉᆡᆼ각ᄒᆞ야예방홈은
ᄌᆡ화를면ᄒᆞᄂᆞᆫ비오ᄒᆞᆫ숨시이라도경계치아니홈은
ᄌᆡᄒᆡ모이ᄂᆞᆫ비요더러운덕으로몸을맛치면뉘우친
ᄃᆞᆯ엇지밋치리오이런고로녯사ᄅᆞᆷ의과실을보면뉘
가곳어듬이잇고나타나지아니ᄒᆞᆫ듸도두려ᄒᆞ고가

다듬으면ᄂᆡ무손허물이잇시리오시경에ᄀᆞᆯ오ᄃᆡ네
방의잇심을보건ᄃᆡ거의옥루(옥루ᄂᆞᆫ방으셕호의라)의붓그러
움이업슬지라ᄒᆞ고례긔예ᄀᆞᆯ오ᄃᆡ그보지아니ᄒᆞᄂᆞᆫ
바에도경계ᄒᆞ고그듯지아니ᄒᆞᄂᆞᆫ바에도두려ᄒᆞ라
ᄒᆞ니이를이롬이니라

積善章第八

吉凶災祥匪由天作善惡之應各以其類善德攸積天降陰騭 騭音直○降猶陞也陰騭言天默祐而陞降其福祿也此章明積善之應言人之善惡由於心則吉凶見於事而災異禎祥之兆又形於吉凶未著之先匪天作之實因人之善惡而感應之也人能積善修德久而不衰則天必默祐於上降臨以福祚此必然之理也 昔者成周之先世累忠厚繼於文

武伐暴救民又有聖母賢妃善德內助故上天陰隲福慶攸長成周者周公建洛陽以居成王號其都爲成周也言其先世自后稷樹藝五穀以教民生有大功於世其后世子孫相承千有餘年皆不失其忠厚之德至於太王王季文王皆有聖人之德以及於民而武王因紂之暴驅除殘虐救民於水火之中而有天下又有太王之妃大姜王季妃太任文王妃太姒武王妃邑姜皆仁孝賢明以爲聖人之內助其內外之聖德繼繼承承如此其美故上天陰隲之而福祚之長未有如周之久者也我國家世積厚德天命攸集我 太祖高皇帝順天應人除殘削暴救民水火 孝慈高皇后好生大德助勤於內故上天陰隲奄有天下生民用乂天之陰隲不爽於德昭著明鑑言我皇明自太祖以先世積厚德故天命我高皇帝起於濠滁順天人之心除殘賊伐暴虐救民塗炭而高皇后以仁厚之德勤勞內政以助之葉上天之默祐代元而有天下百姓乂安垂裕後世蓋天陰隲有德昭如明鑑不爽如

此夫享福祿之報者由積善之慶婦人內助於國家豈可以不積善哉古語云積德成王積怨成亡荀子曰積土成山風雨興焉積水成淵蛟龍生焉積善成德神明自格

言人之享福受祿皆由積善而成婦人之內助其夫以興家國又豈可不積善哉古語有云諸侯積德則成王子之業無德而積怨惡于民則自取其敗亡而已荀卿有言山高則出雲霧而興風雨水深則生靈物而出蛟龍人能積善以成其德則神明昭格福祥綏矣

自后妃至於士庶人之妻其必勉於積善以成內助之美婦人善德柔順貞靜樂乎和平無乖戾也存乎寬洪無忌嫉也敦乎仁慈無殘害也執禮秉義無縱越也祗率先訓無愆違也不厲人以適己不縱欲以戕物積而不已福祿萃焉嘉祥被於夫子餘慶流於後昆可謂

賢內助矣 蓋自后妃以及卿大夫士庶之妻皆有內助其夫之職旣克勤克儉以成其家必積德累仁以延其福所謂善者寬柔恭順貞良安靜心志和平而無欺忮忿戾之事度量寬洪而無疑忌嫉妬之心仁厚慈愛而無傷殘毒害之念執守禮義而無驕縱僭越之行敬承先訓而無過愆違背之失不刻厲於人以使適己意不縱肆嗜意以戕損生物如是而積善不已則福祿華之於其身嘉美禎祥貽慶於夫主子女美善流於後世不亦爲內助之至矣乎 易曰積善之家必有餘慶書曰作善降之百祥此之謂也 餘慶謂受福不已延及子孫也百祥謂禎祥畢集百事俱宜也易曰積善之家必有餘慶積不善之家必有餘殃書曰作善降之百祥作不善降之百殃聖人之言昭然明驗如此

젹션장뎨팔 션을 싸ᄒᆞᄂᆞᆫ 글이라

길흉과 ᄌᆡ앙과 샹셔ᄂᆞᆫ 하ᄂᆞᆯ노 말ᄆᆡ암아 지음이 아니라 션악의 응홈이 각각 그 류로 ᄒᆞ야 션덕을 싸ᄂᆞᆫ 바에

하ᄂᆞᆯ이가마니도음을ᄂᆞ리시ᄂᆞ니라녯제쥬나라션
조가ᄃᆡ로츙후를젹루ᄒᆞ야문왕과무왕의이르샤ᄉᆞ
나우니를쳐빅셩을구원ᄒᆞ고ᄯᅩ셩인어마니와어진
왕비잇셔션덕으로안의셔도은지라고로샹텬이가
마니도으샤복경이장구ᄒᆞ신비니라우리ᄃᆡ명국가
ㅣᄃᆡ로후덕을싸으샤텬명이모든바에우리ᄐᆡ조고
황뎨하ᄂᆞᆯ을슌히ᄒᆞ시고사ᄅᆞᆷ을응ᄒᆞ샤잔인을졔ᄒᆞ
시고ᄉᆞ나우니를치샤빅셩을슈화에구원ᄒᆞ시고효
ᄌᆞ고황후ㅣ호셩ᄒᆞ신ᄃᆡ덕으로도와안의부지런ᄒᆞ
신지라고로샹텬이가만이도으샤문득텬하를두샤

싱민이편안ᄒᆞ니하ᄂᆞᆯ의가만이도으심이덕에어긋
지지아니ᄒᆞ야쇼연히발근거울갓치나타나니라복
록의보응을밧는이는젹션ᄒᆞᆫ경ᄉᆞ로말ᄆᆡ암ᄂᆞ니부
인이안의셔국가를도음이ᄋᆡ엇지가히젹션치아니ᄒᆞ
라녜말에이로되덕을싸면왕을일위고권망을싸면
망ᄒᆞᆷ을일윈다ᄒᆞ고쥰ᄌᆞㅣ(쥰ᄌᆞ는젼국 셰사ᄅᆞᆷ이라)글오되ᄒᆞᆰ을
싸어산을일위미풍우이러나고물을싸어못슬일위
미교룡이나고션을싸어덕을일우미신명이ᄌᆞ연이
감격ᄒᆞᆫ다ᄒᆞ니라후비로부터ᄉᆞ셔인의아니에이르
러그반다시젹션ᄒᆞ미예심셔ᄂᆡ조의아름다옴을일

위ᄂᆞ니부인의셩덕은유슌ᄒᆞ고ᄀᆞᆺ고안졍ᄒᆞ야화평
ᄒᆞᆷ을질거ᄒᆞ야피려ᄒᆞᆷ이업고판ᄒᆞᆼᄒᆞᆷ을투여셔림과
ᄉᆡ움이업고인ᄌᆞᄒᆞᆷ을도타이ᄒᆞ야잔인과ᄒᆡ침이업
고례의를잡아방ᄌᆞᆼᄒᆞᆷ과넘침이업고공경ᄒᆞ야션ᄃᆡ
훈계를좃ᄎᆞ어ᄀᆞᆺ짐이업고사ᄅᆞᆷ을각박히ᄒᆞ야써몸
의맛게아니ᄒᆞ고욕심을방ᄌᆞᆼ이ᄒᆞ야써남을히ᄒᆞ지
아니ᄒᆞ야션을ᄡᆞ어마지아니ᄒᆞ면복록이모와아름
다온상셔가쟝의게입피고나문경ᄉᆞ후손의게흐르
리니가히어진ᄂᆡ조라이르리니라쥬역에ᄀᆞᆯ오ᄃᆡ젹
션ᄒᆞᆫ집에반다시나문경ᄉᆞ잇다ᄒᆞ고셔경에ᄀᆞᆯ오ᄃᆡ

션을지으면일ᄇᆡᆨ샹셔를ᄂᆞ리ᄂᆞ다ᄒᆞ니이를이롬이니라

遷善章第九

人非上智其孰無過過而能知可以爲明知而能改可以跂聖小過不改大惡形焉小善能遷大德成焉 跂音技○跂企而及之也此章明改過遷善之道言人非聖人不能無過惟明人有過卽能知知賢者知過卽能改能改其過則日就高明可以及夫聖人之域矣惟自以爲小過而不肯改則必至爲大惡之人以爲小善而不肯遷就以成之乃無德之可稱矣惟小善而能遷就以成其美積之不已乃成大德

夫婦人之過無他惰慢也嫉妬也邪僻也惰慢則驕孝敬衰焉嫉妬則刻菑害興焉邪僻則佚節義頹焉 菑同災○婦人之過有三一曰懶惰怠慢驕傲成而孝敬之心衰二曰媢嫉妬

忌則殘刻肆則災害之禍作三曰傾邪私僻則淫佚生而節義之道喪三者婦人之大惡也是數者皆德之弊而身之殃或有一焉必去之如蝥螣遠之如蜂蠆蜂蠆不遠則螫身蝥螣不遠則傷稼已過不改則累德蝥螣音矛特蠆揣去聲螫音哲○蝥螣傷禾之蟲蝥食根曰蝥食葉曰螣蜂蝎蜂蠆一名蠍二蟲皆螫害人身經夕而痛始止言情慢嫉妬邪僻三者皆害身之大惡如蝥螣之食苗蜂蠆之螫體有一於身必速去之務期改過而遷善不為婦德之累也若夫以惡小而為之無恤則必敗以善小而忽之不為則必覆能行小善大善攸基戒於小惡終無大戾無恤輕之而忍行也覆傾喪也漢昭烈勅後主曰無以善小而不為勿以惡小而為之蓋習為小善則大善斯成習行小惡則大惡必作小惡不戒能成德而免於禍戾者鮮矣故諺有之曰屋漏遷居路紆改塗傳曰人孰無過過而能改善莫大焉紆音迂○紆曲折也諺云屋漏

不可居則急宜遷從路紆折而難行則必求直道而往人有過而能改則善矣

쳔션장뎨구 션ᄒᆞᆫ되옴기ᄂᆞᆫ글이라

사ᄅᆞᆷ이샹등지혜아니면뉘과실이업시리오과실잇고능히알면가히써발금이되고알고능히고치면가히써셩인의미치고젹근과실을고치지아니ᄒᆞ면큰악이나타나고젹근션에능히옴기면큰덕이일워리라부인의과실이다름아니라게우르고거만ᄒᆞ여미여ᄒᆞ고투긔ᄒᆞ여간샤ᄒᆞ고편벽ᄒᆞᆷ이니게우르고거만ᄒᆞᆫ즉교긍ᄒᆞ야효도와공경이쇠ᄒᆞ고미여ᄒᆞ고투긔ᄒᆞᆫ즉각박ᄒᆞ야ᄌᆞ혜가이러나고간샤ᄒᆞ고편벽ᄒᆞᆫ

쥬음탕ᄒᆞ야졀위가믄어지ᄂᆞ니이두어쟈ᄂᆞᆫ다뎌의
폐단이오몸의ᄌᆡ앙이니혹한가지라도잇시면반다
시버리기ᄅᆞᆯ베히ᄒᆞᆫ논별에갓치ᄒᆞ고멀리ᄒᆞ기ᄅᆞᆯ별
파쐬야기갓치ᄒᆞᆯ지니별파쐬야기ᄅᆞᆯ멀리아니ᄒᆞᆫ즉
몸을쐬이고베히ᄒᆞᆫ논별에ᄅᆞᆯ멀리아나ᄒᆞᆫ즉곡식을
샹ᄒᆞ고파실을고치지아니ᄒᆞᆫ즉뎍을더럽피ᄂᆞ니라
악이져금으로써ᄒᆞ야곡졀이업신즉반다시퓌ᄒᆞ고
션이져금으로써범ᄒᆞᆯ이녀겨ᄒᆞ지아니ᄒᆞᆫ즉반다시
퓌ᄒᆞ리니능히져근션을칭ᄒᆞ면큰션이터ᄒᆞᆫ논비오
져근악을경계ᄒᆞ면마참ᄂᆡ큰죄업사리라고로샹말

女四書女訓卷之二　二十九

에잇시니길오뒤집이섬루ᄒᆞ거든올마살고길이휘
둘려거든길을고찬다ᄒᆞ고젼에길오뒤사롬이누과
실이업시리오과실이잇고능히고치면션이이만큼
이업다ᄒᆞ니라

崇聖訓章第十

自古國家肇基皆有內助之德垂範後世夏商之初塗山有莘皆明教訓之功成周之興文王后妃克廣關雎之化

言自古開國之君必有賢聖之妃以佐內助之美夏禹之后塗山氏商湯之后有莘氏皆能輔贊明良化行宮壺以成內治周之文王得聖女太姒以成好逑之配宮中美其德化而作關雎之詩

我 太祖高皇帝受命而興 孝慈高皇后內助之功至隆至盛蓋以明聖

之資秉貞仁之德博古今之務艱難之初則同勤開創平治之際則弘基風化表壹範於六宮著毋儀於天下言太祖先有天下雖受天命以興而高皇后內助之功居多以明聖貞仁之德通古今治亂之機與太祖同起艱難辛勤創業以致太平垂訓宮幃表章壼域嘉言善行足以作範六宮毋儀萬國驗之往哲莫之與京譬之日月天下仰其高明譬之滄海江河趍其浩溥趍音趨溥音普○京匹也言古雖有賢哲后妃皆不及我高后之聖而無與匹焉后之德如日月之高明人庶蒙其光照如滄海之浩溥江河賴其趍注然史傳所載十裁一二而微言奧義若南金焉銖兩可寶也若穀粟焉一日不可無也貫徹上下包括鉅細誠道德之至要而福慶之大本也裁與纔同○言高皇后之慈言懿訓見於高后寶訓高帝實錄及孝慈錄等書然皆史臣採輯傳聞之言十分僅得其一二耳而微妙之言深奧之義今雖不

傳而吾猶及聞之其言足以範世若耕耨南國百鍊之金雖銖兩之輕皆可爲世之寶若五穀之資人日用而不可一日無者其言上下咸宜鉅細畢舉吾故仰遵聖訓輯成此書信文德之要道人體而行之誠爲福慶之本也后妃遵之則可以配至尊奉宗廟化天下衍慶源諸侯大夫之夫人與士庶人之妻遵之則可以內佐君子長保富貴利安家室而垂慶後人矣 言高后之訓后妃能遵守之則足以配天子承宗廟風化天下而衍子孫福慶之源諸侯卿大夫士庶之妻遵之則可相夫保家永享富貴而垂裕於後世矣 詩曰太姒嗣徽音則百斯男敬之哉敬之哉 詩大雅斯齊之篇太姒文王之妃徽美也詩言太姒誠敬賢孝能嗣其姑太任徽美之德音不妬不忌子孫衆多有百男之慶後世后妃宜敬守高后之訓以媲美於周室也 ㅇ齊音齋

숭셩훈장뎨십

셩인의훈계를 숩피논글이라

녜로부터국가비로소터ᄒᆞᆷ이오다안의셔도음ᄂᆞᆫ덕이
잇셔법을후셰예듸루ᄂᆞ니하나라와샹나라처음에
도산시와유신시가다교훈의공을밝키고쥬나라흥
ᄒᆞᆷ이문왕의후비능히판져의덕화를널리고우리ᄃᆡ
명ᄐᆡ조고황뎨텬명을밧아흥ᄒᆞ심이효ᄌᆞ고황후ㅣ
안의셔도음ᄂᆞᆫ공이지극히놉고지극히셩ᄒᆞ시니ᄃᆡ
ᄆᆡ밝고어지신밧탕으로써곳고어진덕을잡으시며
고금의ᄉᆞ무를널비알으샤간난ᄒᆞᆫ처음인즉부지런
ᄒᆞᆷ을ᄒᆞᆫ가지ᄒᆞ시고ᄆᆞ창ᄒᆞ야평치ᄒᆞ시ᄂᆞᆫ지음인즉
크게풍화를터ᄒᆞ야법을뉵궁의표ᄒᆞ고어미의거동

을텬하의나타나시니져어진이를징협홈이더부러
쌱ᄒᆞ리업ᄂᆞᆫ지라일월의비홈이텬하그놉고발금을
우러으고창ᄒᆞ예비홈이강하그호호ᄒᆞ고너룬되나
감ᄀᆞᆺ트니라그러ᄒᆞ나ᄉᆞ긔에실은벼열ᄉᆞ간의제우하
나둘이니졍미ᄒᆞᆫ말삼과집픈ᄯᅳᆺ이금ᄀᆞᆺ트여ᄒᆞᆫ눈ᄒᆞᆫ
량즁아라도가히보비홈즉ᄒᆞ고곡식ᄀᆞᆺ트여ᄒᆞ로라
도가히업지못ᄒᆞᆯ새시라샹하를ᄯᅮ러통ᄒᆞ고크고져
금을포ᄒᆞᆷᄒᆞ시니진실노도덕의자극ᄒᆞᆫ죵요롬이오
복경의큰근본이라후비가ᄌᆞᆺ친즉가히써지존을쌱
ᄒᆞ야죵묘를밧들고텬하를화ᄒᆞ야경ᄉᆞ근원을부러

니고져후뒤부의부인과닷옷ᄉᆞ녀인의아니가ᄀᆞᆺ친
즉가히ᄡᅥ안으로군ᄌᆞ를도와기리부귀를안보ᄒᆞ고
집을편안이ᄒᆞ야경ᄉᆞ를후인의게듸루리라시[illegible]에
골오ᄃᆡ티ᄉᆞ 티ᄉᆞᄂᆞᆫ쥬나라 문왕의후비라 시어마니의아름다온덕
을이으샤꼿일빅아ᄃᆞᆯ의경ᄉᆞ를두셧다ᄒᆞ니공경ᄒᆞ
고공경ᄒᆞᆯ지어다

景賢範章第十一

詩書所載賢妃貞女德懿行備師表後世皆可法也 行去聲下
同○言詩書所記古聖賢之妃貞烈之女其德醇懿 其行全備載乎史冊師範後人可取閱而效法之也 夫女
無姆教則婉娩何從不親書史則往行奚考稽往行質前

言模而則之則德行成焉婉娩音晚免○婉恭順也娩悅而解意也內則曰女子十年不出姆教婉娩聽從是也姆女子之傅母也言女無傅教則不聞善言不親古史則不知善行故稽諸往古賢女之德行質前人懿美之嘉言模範而則法之斯可以成其德矣夫明鏡可以鑑姸媸權衡可以擬輕重尺度可以測長短往轍可以軌新跡希聖者昌踵弊者亾姸媸音嚴笞○鑑照也姸美也媸醜也權稱錘衡稱轅車跡軌遵跡而行也言明鏡足以照容貌稱平足以別輕重尺準可以度長短塗間之車跡可以遵道而行不失其軌範以喻人能希仰賢聖效法而行者必昌盛而獲福效前人不賢之弊踵而行之則必至于死亾而已是故修恭儉莫盛於皇英求誠莊莫隆於太任孝敬莫純於太姒儀式刑之齊之則聖下之則賢否亦不失於從善皇英堯女舜妃娥皇女英也[illegible]從法古聖賢恭儉之德當如娥皇女英以帝女而下配匹夫能恭謹以事舜而輔成聖化欲法誠仁端莊莫如文母太任以胎教而

生聖人以開成周之業欲法考敬莫如文妃太姒有幽閒貞靜之德上事太后下慈妾媵以廣百男之慶此數聖后賢妃若能儀而像之式而法之刑而則之與之齊則可以爲聖人下一等亦可以爲賢人稍或不及而得其彷彿亦不失爲從善之美德彷彿音微弗猶髴似也○

夫珠王非寶淑聖爲寶令德不虧室家是宜詩曰高山仰止景行行止其謂是與言珠王非婦人之寶賢淑聖善乃女德之寶如令善之德無虧則能宜爾室家矣小雅車舝之詩言高山無遠近人皆仰而見之必登其上乃可爲至人有德行人皆景仰而慕也必效法乃可以成身若徒仰其高而不至見其賢而不息與之齊則亦何取其景仰之哉○舝音轄

경현범장뎨십일어진이법을ᄉᆞ모ᄒᆞ논글이라

시경과셔경에실은비어진왕비와곳은녀인이덕이
아름답고힝실이갓초와후셰의스승될만ᄒᆞ니다가

히법바들지니라녀ᄌᆡ스승가라침이업신즉공슌
ᄒᆞ고화열ᄒᆞᆷ을어드로좃치며글과ᄉᆞ긔를쳔하지아
니ᄒᆞᆫ즉ᄎᆡᆨ힝실을어듸샹고ᄒᆞ리오젼힝실을샹고ᄒᆞ
고젼말을질졍ᄒᆞ야본밧어법ᄒᆞᆫ즉덕힝이일위리라
밝은거울은가히곱고츄ᄒᆞᆷ을빗치고겨울은가히경
즁을셰아리고자ᄂᆞᆫ가하장단을칭량ᄒᆞ고젼슈리박
킈ᄂᆞᆫ가히ᄉᆞ자최를법ᄒᆞᄂᆞ니셩인을바리ᄂᆞᆫ이ᄂᆞᆫ챵
셩ᄒᆞ고폐단을좃ᄂᆞᆫ이ᄂᆞᆫ망ᄒᆞᄂᆞ니이런고로공슌ᄒᆞ
고검박ᄒᆞᆷ을닷금은황영(아황과녀영은요인군의두ᄯᆞᆯ이오슌인군의아ᄂᆡ라)
만셩ᄒᆞᆫ이업고졍셩ᄒᆞ고엄슉ᄒᆞᆷ을구ᄒᆞᆷ은틔임만놉

픔이업고효도ᄒᆞ고공경홈은되ᄉᆞ만슌젼ᄒᆞᆫ이업시
니보고법밧아갓튼즉셩인이오ᄂᆞ린즉현인이오
밋지못ᄒᆞᆯ지라도셩을좃침에일치아니ᄒᆞ리라구실
파옥아보비아니라어절고통명홈이보비되ᄂᆞ니어
지더이이저러지지아니ᄒᆞ면가문이맛당ᄒᆞ리라시
경에큰오되노픈산을우러르며 큰힝실을힝ᄒᆞᆫ다ᄒᆞ
니그이를이롬인져

事父母章第十二

孝敬者事親之本也養非難也敬爲難以飮食供奉爲孝
斯末矣 此章言敬乃孝之至故養親非難而敬爲難飮食供奉孝之末事也 孔子曰孝者

人道之至德夫通於神明感於四海孝之至也昔者虞舜善事其親終身而慕文王善事其親色憂滿容孝經曰大孝德之本也孝可通達於神明感化於四海虞舜至孝孟子稱其大孝終身慕父母禮記曰王季不安文王色憂行不能正履

或曰此聖人之孝非婦人之所宜也是不然孝悌天性也豈有間於男女乎事親者以聖人爲至間去聲○或問聖孝至大非婦女所及答以孝悌本乎天性豈分男女之別事親者當以聖人爲法若夫以聲音笑貌爲樂者不善事其親者也誠孝愛敬無所違者斯善事其親者也縣衾歛簟節文之末紉箴補綴帥事之微必也恪勤朝夕無怠逆於所命祇敬尤嚴於杖屨旨甘必謹於餕餘而況大於此者乎縣音懸簟音玷紉音寅箴與針同綴音墜帥與率同餕音俊○禮父母舅姑與女與婦必

懸挂其衾被收斂其枕簟當寢而復施之也見父母舅姑衣裳有綻裂之處必穿紉箴線而亟爲補綴之帥行也怠逆所命謂緩怠違逆於親之命令也祗誠也父母之杖屨所在必誠敬愛護之不致傾敗也旨甘美好之味饌食之餘也禮曰父母之敦牟卮匜非其所食之餘不敢用父母與之飲食非所食之餘不敢輒飲食也父母既食之餕子婦必盡食之恐嫌於厭棄父母之食且懼以復進爲褻也訓言子女無誠敬之心但以聲音笑貌爲娛親之飭未足以爲孝必也孝出於至誠敬生於至愛無所違道斯云善矣若懸衾斂簟紉針補綴此但節文之細事惟恪恭於朝夕無違其敎命雖父母之杖屨必敬護之所食之味必善其甘旨所餕之餘必愼其器食微者如此而況大於此者宜無不敬也○敦音對飯器也牟音模饍器也卮音支酒器也匜音移水漿之器也

是故不辱其身不違其親斯事親之大者也夫自幼而笄既笄而有室家之望焉推事父母之道於舅姑無以復加損矣

笄音基○笄女子有夫之飾也女子之道在守身而不辱事親而不違女子自幼育於父母依乎膝下既許嫁而加笄焉則有爲人室家

夫婦之道而離於父母矣若在家能孝移孝親之道以事其舅姑又何損焉 故仁人之事親也不以既貴而移其孝不以既富而改其心故曰事親如事天又曰孝莫大於寧親可不敬乎詩曰害澣害否歸寧父母此后妃之謂也 害音曷澣音翰○此言爲后妃者去父母而享富貴不以貴而忽其孝不以富而改其心故曰事親如天天不可移也寧歸寧爲歸而問安寧也害何也澣洗濯也葛覃之詩言太姒欲歸而問安於父母服澣濯之葛衣謂其師姆曰何者當澣何者猶可以不澣我將服之以歸寧於父母矣此謂后妃之孝

ᄉᆞ부모장뎨십이 부모를셤기ᄂᆞᆫ글이라

효도와공경은어버이셤기ᄂᆞᆫ근본이라공양이어려운게아니라공경이어려우니음식공봉으로써효도를삼으면이거시옷치니라공ᄌᆞㅣᄀᆞᆯᄋᆞ샤ᄃᆡ효ᄂᆞᆫ인

도의지극ᄒᆞᆫ덕이라ᄒᆞ시니신명에통ᄒᆞ고ᄉᆞᄒᆡ예감
동ᄒᆞᆷ이효도의지극ᄒᆞᆷ이라녯졔슌인군은그어버이
를잘셤기샤몸이맛도록ᄉᆡᆼ각ᄒᆞ시고문왕은그어버
이를잘셤기샤친환이계시면근심이얼골의가득ᄒᆞ
시니라혹이ᄀᆞᆯ오ᄃᆡ이ᄂᆞᆫ셩인의효도라부인의맛당
ᄒᆞᆫᄇᆡ아니라ᄒᆞ니이그러치아니ᄒᆞ다효도와공경은
텬셩이니엇지남녀에ᄉᆞ이잇시리오어버이를셤기
ᄂᆞᆫ이셩인으로써지극ᄒᆞᆷ을삼을지니만일말소리와
웃ᄂᆞᆫ얼골로질거움을ᄒᆞᄂᆞᆫ이ᄂᆞᆫ그어버이를잘셤기
지못ᄒᆞᄂᆞᆫ쟈오졍셩과효도와사랑과공경을어긘ᄇᆡ

엄ᄂᆞᆫ이ᄂᆞᆫ그어버이를잘셤기ᄂᆞᆫ자라이불을ᄃᆞᆯ며자
리를거둠은례졀의ᄉᆞᆺ시오반을의실쎄여옷을지움
은일의셰미홈이니반다시공경ᄒᆞ고부지런ᄒᆞ야죠
셕의명ᄒᆞ신바의게우르며거스림이업셔공경이더
욱졉핑이와신의엄ᄒᆞ고ᄆᆞᆺ나고단음식을반다시자
시다남뭄을삼가ᄒᆞ거든하말며이보단큰자랴이런
고로그몸을욕되지아니케ᄒᆞ고그어버이를어귀지
아니홈이이어버이셤김의큰거시라어림으로부터
빈여ᄉᆞᆺ고이믜빈여홈의남학아녀될괴망이잇ᄂᆞ니
부모셤기ᄂᆞᆫ도를시부모의게미루면다시더ᄒᆞ고덜

재시업시리라고로어진사롬의어버이를셤김이이
의귀홈으로써그효도를옴기지아니ᄒᆞ고이믜부홈
으로써그마음을고치지아니ᄒᆞᄂᆞ니고로글오ᄃᆡ어
버이셤김을하놀셤김갓치호다ᄒᆞ고또글오ᄃᆡ효도
는어버이편이홈만큼이업다ᄒᆞ니가히공경치아니
ᄒᆞ라시경에글오ᄃᆡ어늬옷은싯고어ᄃᆡ옷은싯지아
니ᄒᆞ리오도라가친뎡부모세문안ᄒᆞ리라ᄒᆞ니이는
후비를이롬이니라

事君章第十三

婦人之事君比昵左右難制而易惑難抑而易驕 ○昵音溺 昵親

專當作寵

也抑卑順也言婦人入宮壼以事君比狎親昵於君之左右難制其心而易惑於君難抑其身而易驕於下然則有道乎曰有忠誠以爲本禮義以爲防勤儉以率下慈和以處衆誦詩讀書不怠規諫問有道以處此乎答曰有誠實爲本秉禮守義以防閑其身勤勞節儉以率其嬪御慈愛和睦以惠其衆庶誦讀詩書取法前言往行以戒其德聞箴規諷諫之言則敬聽而不怠寢興夙夜惟職愛君居處有常服食有節言語有章戒謹讒慝中饋是專外事不涉教令不出遠離邪僻威儀是力言當早興夜寢以敬愛其君爲己之職事居則有常處衣食節儉而不奢言辭和婉而中度讒佞之言戒而勿聽非慝之行謹而勿行專任中饋之事以奉君上以脩祭祀外庭政事無所干涉教令不出於宮閫遠却淫邪私僻之事動作威儀力行之而無惰毋擅寵而怙恩毋干政而撓法擅專則驕怙恩則姤干政則乖撓法則亂諺云汨水淖泥破

家妬妻不驕不妬身之福也詩曰樂只君子福履綏之

戶汨音密淖音鬧樂只音洛止綏音雖○忲侍恃也撓屈也汨陷也淖泥泥淈而溢也寧爲后妃之道勿專擅君之寵而恃君之恩勿預國之政而屈國之法撓則驕妬之害興于政撓法則乖亂之禍作俗語謂人汨沒于水而不能出者由水中淖泥所陷也入破壞其家而不能興者由家有妻所致也由是觀之女子不驕不妬其爲身家之福與樂只君子言喜其也君子衆妾指后妃也履祿綏安也言夫人不妬忌而恩逮於下故衆妾樂其德而稱願之曰南有樛木葛藟纍之矣樂只君子則福履綏之矣○樛音鳩葛藟音壘纍音雷詩見周南樛木篇

夫受命守分僭瀆不生詩曰夙夜在公寔命不同是故姜后脫珥載籍稱賢班姬辭輦古今稱譽

瀆音讀○受命受君之命守分守庶妾之分也詩召南小星之篇寔與實同命天所賦之命也姜后周宣王之后班婕妤漢成帝之妃言爲后妃妾御皆受君之命當安其所賦之分而無僭越之心故小星之詩言庶妾當夕於君抱衾裯而往見星而入侍星未沒而還不敢專一夕

之寵而夙夜寅敬在公承値者由其所賦之命不同於后妃之貴也昔周宣王與姜后同宮而宴起姜后脫簪珥伏於永巷之間以待罪自咎其失敎於妃妾而致君王有宴安廢政之失也宣王改禮而謝之自是不敢怠荒而史籍稱美焉漢成帝退朝欲與班婕妤同輦而載班姬伏地而奏曰妾聞天子出入皆有賢人左右爽輔未聞與嬖妾同輦者也帝改容謝之如后與班姬深得事君安分之道者也○婕妤音捷予女官名

我國家隆盛 孝慈高皇后事我 太祖高皇帝輔成鴻業居富貴而不驕職內道而益謹兢兢業業不忘夙夜德蓋前古垂訓萬世化行天下詩曰思齊大任文王之母思媚周姜京室之婦此之謂也

齊音齋○言我高皇后爾事高皇帝以輔成大業而能兢兢業業敬謹夙夜惟勤其德高出前古風化被于天下而慈訓垂于萬世矣媚愛也京周也大雅思齊之詩曰言此齊莊之太任實爲文王之母矣惟其能媚愛其姑太姜而格盡孝道爲我周室之孝婦其子孫光有天下實太任始基之也

縱觀往古國家

廢興未有不由於婦之賢否事君者不可以不愼詩曰夙夜匪懈以事一人言我遍觀古史國之將興必有賢后妃以爲之內助國之將亡必由宮闈淫僻或亂所致人家之成敗亦然可不愼哉故大雅烝民之詩意云爲人臣者當夙夜惕勵而無怠惰以事其君然則爲后妃者與君休戚相關豈不思匪懈之訓以事其君哉苟不能匡以道則必自荒厥德若綱之無綱衆目難擧上無所毗下無所法則胥淪之漸矣毗音皮○胥相也匡正也綱魚網之總維也毗倚賴也淪陷溺也言爲婦者苟或不能以正道匡輔其君必自荒其德若無綱之綱衆目難張上下蒙蔽無所倚法則相淪陷而至于危亡矣夫木瘁者內蠹攻之政荒者內嬖蠱之女寵之戒甚於防敵詩曰赫赫宗周褒姒滅之可不監哉瘁音翠蠹音妒嬖音僻蠱音古褒音包○言樹木凋瘁而枯朽由蠹蟲攻食其內國家政事荒廢者由女寵淫嬖蠱惑於君古人謂女色爲女戎蓋防之如兵賊也正月之詩言幽

三十九

王寵褒姒而喪身西周以亡是赫赫然宗周之大邦由褒姒一人以滅之也女戎之害可不戒哉 夫上下之分尊卑之等也夫婦之道陰陽之義也諸侯大夫士庶人之妻能推是道以事其君子則家道鮮有不盛矣 鮮上聲○天上地下天尊地卑女子事夫如天則尊卑之分明夫陽婦陰陽主動故剛健而專制陰主靜故柔順而不違自后妃以至于士庶之妻皆由此道以事其夫則無不利矣

ᄉᆞ군장뎨십삼 인군셤기ᄂᆞᆫ글이라

부인의인군을셤김이인군의자우에친압ᄒᆞᆫ지라마음을졔어ᄒᆞ기어렵고혹ᄒᆞ기쉬우며억졔ᄒᆞ기어렵고교만ᄒᆞ기쉬우니라그러ᄒᆞᆫ즉도ㅣ엇나냐ᄀᆞᆯ오ᄃᆡ잇시니츙경으로근본을삼고례의로방한을ᄒᆞ고부

지런파겸박으로아리를거나리고사랑파화홈으로
여러사룸을뒤졉ᄒᆞ야시경을외오고셔경을일거경
계와간홀을잊지아니ᄒᆞ고일죽이려나고밤들어든
자오죡인군사랑ᄒᆞ기로직업을삼아거처ㅣ던덧홈
이잇고의식이례졀이잇고언어법이잇셔참소와샤
특을경계ᄒᆞ야삼가ᄒᆞ고안의셔음식장만홈을젼일
이ᄒᆞ여외ᄉᆞ를간셥지아니ᄒᆞ야표령이궁문의나지
아니ᄒᆞ고간샤와편벽을멀리ᄒᆞ야위엄파거동을삼
써죵익를천단이ᄒᆞ여은혜를밋지말고졍ᄉᆞ를간예
ᄒᆞ며법을흔들지말라죵익를천단이ᄒᆞᆫ족표만ᄒᆞ고

은혜를잇은즉투긔ᄒᆞ고졍ᄉᆞ를간예ᄒᆞᆫ즉파려ᄒᆞ고
법을흔든즉패란ᄒᆞᄂᆞ니라샹말의이로ᄃᆡ물의ᄲᅢ짐
은진흙으로말미암고집을파홈은투긔ᄒᆞᆫ아ᄂᆡ로말
미암는다ᄒᆞ니ᄑᆞ만치아니ᄒᆞ고투긔치아니홈은몸
의복이라시경에ᄀᆞᆯ오ᄃᆡ질거운군ᄌᆞ여복록이편안
타ᄒᆞ니라명을밧아분의를직혀면참남ᄒᆞ고더러움
이나지아니ᄒᆞᄂᆞ니시경에ᄀᆞᆯ오ᄃᆡ이르나밤드나궁
의잇시니명분이갓지아니타ᄒᆞ니이런고로강후ㅣ
빈여를버셔간홈이ᄉᆞ긔예어질리녀간바오강후는쥬나라션왕의후비니왕이쳡ᄋᆞ로더부러늣도록자거놀강후ㅣ빈여를벗고간ᄒᆞ니라반희연을ᄉᆞ

양ᄒᆞᆷ이고금에칭찬ᄒᆞ니라 반희ᄂᆞᆫ한나라셩뎨의후궁이니셩뎨더부러ᄒᆞᆫ가지연을타고자ᄒᆞ거늘반희간ᄒᆞ야ᄒᆞᆷᄭᅴ타지아니ᄒᆞ니라 우리ᄃᆡ명국가놉고셩ᄒᆞ샤효ᄌᆞ고황후ㅣ우리ᄐᆡ조고황뎨를셤겨큰업을도와일위여부귀예거ᄒᆞ시되교만치아니ᄒᆞ시고안법도를맛더더욱삼가ᄒᆞ샤경계ᄒᆞ시고조심ᄒᆞ샤쇽야의잇지아니ᄒᆞ샤덕이젼고의덥고훈계를만셰예드리워덕화ㅣ텬하의힘ᄒᆞ시나시경에골오ᄃᆡ식식ᄒᆞ신ᄐᆡ임이문왕의어만이시니쥬강 쥬강은쥬나라문왕의조모라 을슌히ᄒᆞ샤쥬나라집의효부ㅣ라ᄒᆞ니이를이롬이니라두루녯졔국가의폐ᄒᆞ고흥ᄒᆞᆷ을보니부인의어

질고어질지아니ᄒᆞᆷ이말ᄆᆡ암지아니ᄒᆞᆷ이업시니인
군을셤기ᄂᆞᆫ쟈ㅣ가히삼가치아니치못ᄒᆞᆯ지니사경
에ᄀᆞᆯ오ᄃᆡ슉야의게우르지아니ᄒᆞ야써ᄒᆞᆫ사ᄅᆞᆷ을셤
기라ᄒᆞ니라진실노능히셔로도로써바루지아니ᄒᆞᆫ
즉반다시스스로그덕을거칠게ᄒᆞᆷ이니그물이벨이
쥴이업셔여러고ᄅᆞᆯ들기어려움갓튼지라우의셔더
풀바업고아ᄅᆡ의셔법밧을바업신즉셔로싸져망ᄒᆞᆯ
졍졉이라나무병든쟈ᄂᆞᆫ안으로좀이침이오졍ᄉᆞ거
친쟈ᄂᆞᆫ안으로총쳡이고혹ᄒᆞᆷ이니계집총ᄋᆡᄒᆞᄂᆞᆫ경
계도덕막기보단심ᄒᆞᆫ치라시경에ᄀᆞᆯ오ᄃᆡ혁혁ᄒᆞᆫ쥬

다라ᄅᆞᆯ포ᄉᆞ가 포ᄉᆞᄂᆞᆫ쥬나라유왕의폐쳡이니음탕ᄒᆞᆫ녀인이라 멸ᄒᆞ엿다ᄒᆞ니가히경계치아니ᄒᆞ랴샹하의분의ᄂᆞᆫ놉고나ᄌᆞᆫ등렬이오부부의도ᄂᆞᆫ음과양의의라져ᄒᆞ뒤부ᄉᆞ셔인의아니능히이도ᄅᆞᆯ미루어써그가장을셤긴즉가도ㅣ셩치아니ᄒᆞ리져그리라

事舅姑章第十四

婦人既嫁致孝於舅姑舅姑者親同於父母尊擬於天地 言婦人之于舅姑親愛同於父母尊敬同於天地 善事者在致敬致敬則嚴在致愛致愛則順專心竭誠毋敢有怠此孝之大節也衣服飲食其次矣 言善事舅姑在致其敬愛致敬則嚴恪而心專致愛則柔順而竭誠乃可以爲孝若夫旨甘其

飲食潔淨其衣服又其次矣故極甘旨之奉而毫髮有不盡焉猶未嘗養也盡勞勩之力而頃刻有不恭焉猶未嘗事也○勩音異極其勞而不倦謂之勩言奉養舅姑者極致甘旨之味稍有一毫不盡猶如未養敬事舅姑極盡勤勞之力稍有一念不恭猶如未事甚言竭力於終身不可有一日之懈也舅姑所愛婦亦愛之舅姑所敬婦亦敬之樂其心順其志有所行不敢專有所命不敢緩此孝事舅姑之要也舅姑之所敬愛之人婦亦體其心而敬愛之娛樂其心恭順其志行事必稟命不專承命必躬行而勿緩此孝親之要也昔太任思媚周姜周業基隆長孫盡孝唐祚以固甚哉孝事舅姑之大也長孫文德皇后唐太宗之配也言太任能愛媚于太姜故生文王以興周室長孫能孝敬於舅姑故配太宗以延唐祚皆開基之賢后也夫不得於舅姑不可以事君子而況於動天地通神明集嘉禎乎故自

后妃以下至卿大夫及士庶人之妻豈是皆以孝事舅姑爲重詩曰夙興夜寐無忝爾所生 言婦人不得意於舅姑則不可以事其夫欲比古之孝婦貞妻感動天地昭格神明兆集嘉祥垂芳萬世其可得乎故自后妃以下至于士庶之妻一是皆以善事舅姑爲大也小宛之詩曰人當早興夜寢盡其心志無忝辱於父母也婦能事其舅姑則無忝於父母也

ᄉᆞ구고쟝뎨십ᄉᆞ 식부모를셤기ᄂᆞᆫ글이라

부인이이믜시집감의효도를시부모의게일월지니시부모ᄂᆞᆫ친ᄒᆞᆷ이부모와갓고놉품이텬디예비기ᄂᆞᆫ지라잘셤기ᄂᆞᆫ쟈ᄂᆞᆫ공경을일웜의잇ᄂᆞ니공경을일원즉엄ᄒᆞ고사랑을일웜이잇ᄂᆞ니사랑을일원즉슌ᄒᆞ지라마음을젼일이ᄒᆞ고졍셩을다ᄒᆞ야감히게우

름을두지아니ᄒᆞᆷ이효도의큰졀이오의복과음식은
그뎌암이라고로달고맛진봉양을다ᄒᆞᄃᆡ터럭만치
도극진치아니ᄒᆞᆷ이잇시면공양치아니ᄒᆞᆷ갓고슈고
로온심을다ᄒᆞᄃᆡ잠간도공슌치아니ᄒᆞᆷ이잇시면셤
기지아니ᄒᆞᆷ갓트니라시부모의사랑ᄒᆞ시ᄂᆞᆫ바를여
나리ᄯᅩᄒᆞᆫ사랑ᄒᆞ여시부모의공경ᄒᆞ시ᄂᆞᆫ바를여나
리ᄯᅩᄒᆞᆫ공경ᄒᆞ야그마음을질겁게ᄒᆞ여그ᄯᅳ슬슌히
ᄒᆞ야쳥ᄒᆞᆯ바잇심이감히쳔단이아니ᄒᆞ여명ᄒᆞ신바
잇거든감히느지럽게아니ᄒᆞᆯ지니이ᄂᆞᆫ효도로시부
모를셤기ᄂᆞᆫ종요롬이니라녯졔ᄐᆡ임이효도로슌히

홈이쥬나라엽이놉고쟝손이 쟝손시눈당나라태종황뎨의황후라 효도를극진이홈이당나라복조구드니심ᄒᆞ다효도로시부모를셤김이크도다시부모의게엇지못ᄒᆞ면가히써가장도셤기지못ᄒᆞ거든하말며텬디를감동ᄒᆞ며신명을통ᄒᆞ야아름다온샹셔를뫼우라고로ᄒᆞ비로부터뒤부와및ᄉᆞ셔인의아ᄂᆡ예이르러한갈ᄀᆞᆺ치다효도로시부모셤김을로써즁히ᄒᆞᄂᆞ니시경에ᄀᆞᆯ오ᄃᆡ일즉이러나고밤들거든자녀를나신바부모의게욕되게말라ᄒᆞ니라

奉祭祀章第十五

人道重夫昏禮者以其承先祖共祭祀而已昏與婚同○此明祭祀之重言人倫之道以昏禮爲重者以夫婦之義生育以承繼先祖中饋以共其祭祀故不可以不重也故父醮子命之曰往迎爾相承我宗事母送女命之曰往之汝家必敬必戒無違夫子國君取夫人辭曰共有斃邑事宗廟社稷分雖不同求助一也女音汝○醮父母爲子女婚嫁而預享之也盖尊卑不敵有酢無酬故謂之醮猶享天地神明而有酢無酬而謂之醮也子將親迎父醮子而命之曰往迎而輔相之內助承我宗廟祭祀之事女將嫁母醮而送之曰往之汝家必恭敬戒愼無違悖於汝之夫子諸侯取夫人致辭於婦家曰相與共保有我之國邑以奉宗廟社稷由此觀之貴賤不同求內助一也蓋夫婦視祭所以備外內之官也若夫后妃奉神靈之統爲邦家之基齋潔烝嘗以佐其事必本之以仁孝將之以誠敬躬蠶桑以爲玄紞

備儀物以共豆籩夙夜在公不以爲勞詩曰君婦莫莫爲豆孔庶蠲音涓紞音坦○官猶職也祭必夫婦同者盡外內之職也若后妃敵體天子爲天地百神之主爲邦國福澤之基蠲治潔淨其粢盛以佐天子之祭祀其禮至重至大必先之以仁孝誠敬躬親蠶桑以成祭祀玄紞之服備其儀文法物以供宗廟之籩豆夙夜恪恭勞而無倦楚茨之詩言君王之主婦莫莫然誠敬恭肅以佐其祭祀其潔修籩豆孔盛而豐庶也夫相禮因愆威儀孔時宗廟享之子孫順之故曰祭者教之本也苟不盡道而忘孝敬神斯弗享矣神弗享而能保躬裕後者未之有也凡內助於君子者其尚勗之言后妃以及諸侯卿大夫之妻皆有輔相其夫以成祭祀之職若相禮而無愆違威儀孔盛于祭享之時則宗廟神靈庶其歆享之矣子孫奉事於其間亦恭順而效法之矣故禮曰祭者恭孝子孫以事其先欲其繼纘繩繩傳法於後世乃教之本也若不敬供其祀而無孝敬之心則在天之神靈不享之矣神靈不享其祀尚能保

其身而垂裕於後乎故凡有內助之任者其勗勉之宜敬事而無怠也

봉졔ᄉᆞ장뎨십오 졔ᄉᆞ를밧드ᄂᆞᆫ글어라

인도ㅣ혼례를즁히홈은그션조를이어졔ᄉᆞ를밧들므로써ㅣ라고로아비ᄌᆞ식을쵸례홈이명ᄒᆞ야글오되가셔녜의도으리를마져우리종ᄉᆞ를이으라ᄒᆞ고어미ᄯᆞᆯ을보ᄂᆡ미명ᄒᆞ야글오되녜시가의가반다시공경ᄒᆞ고반다시경계ᄒᆞ야가장을어귀미업시라ᄒᆞ고나라인군이부인을취홈이말을일우어글오되녜나라를함ᄭᅴ두어종뫼와ᄉᆞ직을셤긴다ᄒᆞ니붑의ᄂᆞᆫ비록ᄀᆞᆺ지아니ᄒᆞᄂᆞ안도음을구홈은한가지라되미

부부ㅣ졔ᄉᆞ롤봉ᄌᆞᆸ옴을써녀외의직업을가ᄌᆞᆫᄂᆞᆫ뵈
라후비ᄂᆞᆫ신령의졍통을밧ᄌᆞ려나라집의근본이되
니종샹(종은겨울제ᄉᆞ오 샹은가을제ᄉᆞ라)을조ᄎᆞ리ᄒᆞ야그일을모으
되반다시어짐과효도로써근본ᄒᆞ고졍셩과공경으
로쌔밧들며뉘에기름을몸소ᄒᆞ야써졔복을ᄒᆞ고졔
물을ᄀᆞᆺ초와졔긔를밧들어슉야에궁의잇셔슈고롭
다ᄒᆞ지아니홀지니시경에글오ᄃᆡ큰며나리공경ᄒᆞ
야쟤긔를조ᄎᆞ리홈이심하셩ᄒᆞ다ᄒᆞ니라례를도음
이허물이업고우의가심히셰예맛당ᄒᆞ야종묘ㅣ흠
향ᄒᆞ시고ᄌᆞ손이숖이ᄒᆞᄂᆞᆫ지라고로글오ᄃᆡ졔ᄉᆞᄂᆞᆫ

교화의근본이니진실로도를다치아니ᄒᆞ고효경을
이지면귀신이흠향치아니ᄒᆞ리니귀신이흠향치아
니ᄒᆞ고능히몸을안보ᄒᆞ며ᄌᆞ손을편안히ᄒᆞᆯ자ㅣ엇
지아니ᄒᆞ나라안의셔가장을모음ᄂᆞᆫ자ㅣ그거의삼
갈지어다

母儀章第十六

孔子曰女子者順男子之教而長其理者也是故無專制之義所以爲教不出閨門以訓其子者也長上聲○此明母儀之義先言知識之由言女子本無知識由男子立教于先父母順而教之女子順而遵之以開其心智而長其倫理是故在家從父出嫁從夫而無專制之義其法施教令不出于閨門而訓其子女斯母儀之職也教之者導之

以德美養之以廉遜率之以勤儉本之以慈愛臨之以嚴恪以立其身以成其德敎之之道當導引之德義之方敦養之以廉遜之節董率之以勤儉之道而本之以慈愛之心臨之以嚴恪之重斯可以立其身而成其德矣慈愛不至於姑息嚴恪不至於傷恩傷恩則離姑息則縱而敎不行矣詩曰載色載笑匪怒伊敎所謂慈愛者本於心而不姑息嚴恪者見於色而不傷恩嚴而傷恩則離背而不親愛而姑息則驕縱而廢禮故魯頌泮水之詩言能敎者不失其和顏笑貌而子弟皆樂從之矣夫敎之有道矣而在已者亦不可不愼是故女德有常不踰貞信婦德有常不踰孝敬貞信孝敬而人則之詩曰其儀不忒正是四國此之謂也敎之之道不過如此而在已之修身有道成德無虧方可以爲母儀不可不愼也蓋女德不過于貞信婦德不過于孝敬不失于身故子孫男婦則而法之斯無忝於母儀矣曹風

之詩意云君子威儀無有差忒而四國法之以爲正則斯可爲毋儀之道也夫

모의장뎨십뉵 어미거동을말ᄒᆞᆫ글이라

공ᄌᆞㅣ ᄀᆞᄅᆞ샤ᄃᆡ녀ᄌᆞᄂᆞᆫ남ᄌᆞ의가라침을슌히ᄒᆞ야그륜리를기루ᄂᆞᆫ쟈라이런고로오로지ᄌᆞ쟤ᄒᆞᄂᆞᆫ의업셔가라침을ᄒᆞᄂᆞᆫ비규문에나지아니ᄒᆞ야써그아달을훈계ᄒᆞᄂᆞ니가라침은덕아름다움으로써안도ᄒᆞ며쳥렴과겸손으로써기르며부지런과검박으로써거ᄂᆞ리며ᄌᆞ위로써근본ᄒᆞ며엄경으로써다달어써그몸을셰우며써그덕을일위게ᄒᆞᆯ지니ᄌᆞ위ᄒᆞᆫ뒤고식 고식은아직참ᄂᆞᆫ거시라 에이르지아니ᄒᆞ고엄경ᄒᆞᆫ뒤은혜

를샹홈ᄋᆡ이르지아니홀지니은혜를샹ᄒᆞᆫ즉셔글어
지고고식으로ᄒᆞ면방종ᄒᆞ야가리침이힝치못ᄒᆞ리
라시경에글오ᄃᆡ낫빗출화ᄒᆞ고우숨ᄒᆞ야셩ᄂᆡ지말
고가라치라ᄒᆞ니가라침이도ㅣ잇시니몸에잇ᄂᆞᆫ거
슬ᄉᆞ도ᄒᆞᆫ가히삼가치아니치아니홀거시라이런고로
녀ᄌᆞ의덕이덧덧홈이잇셔공음과신실에념지아니
ᄒᆞ고부인의덕이덧덧홈이잇셔효도와공경에념지
아니홀지니곳으며신실ᄒᆞ며효도ᄒᆞ며공경ᄒᆞ면사
롬이법밧ᄂᆞ니시경에글오ᄃᆡ그거동이어긋지아
니ᄒᆞᆫ지라ᄉᆞ방의나라를바룬다ᄒᆞ니이를이롬이니

라

睦親章第十七

仁者無不愛也親疏內外有本末焉此章明睦親之道言仁者之性固無不愛亦有親疏內外本末之不同當於此而別其輕重次第焉斯得睦親之道矣一家之親近之爲兄弟遠之爲宗族則同乎一源矣言一家則兄弟爲親宗族爲疏兄弟宗族雖有親疏上本於祖考由木派雖分同出於一源也然自婦道觀之我之兄弟宗族雖同乎一源吾旣從夫則兄弟宗族雖親而亦疏矣夫之兄弟宗族與我雖異姓然女以夫家爲重雖疏而亦親矣若夫娣姒姑姊妹親之至近者矣宜無所不用其情夫弟婦爲娣兄妻爲姒及夫之姑姊妹乃親之至近者有同事舅姑之誼則親愛宜無所不至也夫木不榮於幹不能以達支火不灼于中不能以照外是以施仁必先睦親睦親之務必

有內助灼音勺○木生岐爲榦榦生條爲枝言榦不榮枝不潤矣不然則照不明是以君子治家必以睦親爲務欲睦其親者必有賢內助以爲之主焉一源之出本無異情閒以異姓乃生乖別書云惇睦九族詩云宜其家人主乎內者體君子之心重源本之義敦頍弁之德廣行葦之風惇同敦頍弁音跂下○頍弁小雅行葦大雅皆詩篇名宴樂兄弟親戚之詞也言君子孰不知兄弟宗族姑姊妹爲一源之出而思親睦之而不賢之婦常視爲異姓與己爲疏而間隔之致生乖違則異君子不被其感者鮮矣書稱帝堯克明峻德以睦九族之宗親詩稱后妃風化二南皆有宜家之淑女若賢內助能體君子之心重同源一本之義敦頍弁行葦之風則親族無不睦矣仁恕寬厚敷洽惠施不忘小善不記小過録小善則大義明畧小過則讒慝息讒慝息則親愛全親愛全則恩義備矣睦親之道當本之以仁待之以恕御之以寬敦之以厚廣敷其惠周洽其施雖有小善記之不

忿[illegible]有小過忿之不記記善則恩義日長
忿過則讒言不作親愛全而恩義備矣

疎戚之際藹然和樂由是推之內和而外和一家和而一國和一國和而天下和矣可不重哉

夫乃助賢而親戚睦皆藹然和樂幸由是道而推廣之諸侯卿大夫士庶之妻無不相其君子睦其親戚以成內助之美則內外雍睦家國咸和而天下平矣可不重哉

목친쟝뎨삽칠 친쳑을화목ᄒᆞᄂᆞᆫ글이라

어진이사랑치아니홈이업시나친소와ᄂᆡ외의본말이잇ᄂᆞ니ᄒᆞᆫ집의친ᄒᆞᆫ이ᄂᆞᆫ각가이형뎨되니와멀리죵족되니가ᄒᆞᆫ근원을갓칠홈이니뎨ᄉᆞ 뎨ᄉᆞᄂᆞᆫ가장형뎨외아ᄂᆡ라와시끄모와시ᄂᆔᄂᆞᆫ친홈이지극히각가윤자ㅣ니맛당히그졍을쓰지아닐비업ᄂᆞ니남우가쥴기예셜

치못ᄒᆞ면능히가지를펴지못ᄒᆞ고불이가온ᄃᆡ예밝
지못ᄒᆞ면능히박과비치지못ᄒᆞᄂᆞᆫ지라이럼으로써
어질믈베플미반ᄃᆞ시친쳑에화목홈을몬져ᄒᆞᆯ지니
친쳑에화목ᄒᆞᄂᆞᆫ일은반ᄃᆞ시안의셔도옴이잇ᄂᆞ니
라ᄒᆞᆫ근원의남이본ᄃᆡ달은졍이업건마ᄂᆞᆫ이셩으로
간격ᄒᆞ야이예어긋짐과분별이나ᄂᆞ니셔경에이로
ᄃᆡ구족(구족은네몸우으로고조가지와아래로현손가지이롬이라)을도타히화목
ᄒᆞ다ᄒᆞ고시경에이로ᄃᆡ그집사ᄅᆞᆷ의게맛당히ᄒᆞ다
ᄒᆞ니안의셔쥬장ᄒᆞᄂᆞᆫ쟈ㅣ가장의마음을본밧아근
본의의를즁히ᄒᆞ야기변위덕을도타히ᄒᆞ고항위의

바람을널날지니라 [illegible]파힝위는시경의형뎨어질 [illegible]화목홈을이른글어라

끄두남두고너그럽고두터워은혜로베플폐여흡

죡히ᄒᆞ야남의져근션을잇지아니ᄒᆞ며남의져근허

물을긔억지아니ᄒᆞᆯ지니져근션을긔억ᄒᆞᆫ즉큰의밝

끄져근허물을이진즉참소말이쉬고참소말이쉰즉

친이홈이온젼ᄒᆞ고친이홈이온젼ᄒᆞᆫ즉은의가갓초

ᄂᆞ니멀고갓가온ᄃᆡ례식이예이엳히화락ᄒᆞ리니일

로말ᄆᆡ암아미루면안의화ᄒᆞ야박긔화ᄒᆞ고한집이

화ᄒᆞ야한나라이화ᄒᆞ고한나라이화ᄒᆞ야텬하화ᄒᆞ

리니가히즁히아니ᄒᆞ랴

慈幼章第十八

慈者上之所以撫下也上慈而不懈則下順而益親故喬木竦而枝不附焉淵水清而魚不藏焉甘瓠纍於樛木庶草蘩於瀯澤則子婦順於慈仁理也此章言慈幼之道以上撫下爲慈上慈而不倦懈則卑幼益順而親之喬木上竦而下則無枝淵水澄清而魚則遠避是以甘瓠蔓生附于盤屈之樛木衆草蘩雜叢於蓊翳之瀯澤以其能容也上仁慈而能容則子孫男婦敬順而親愛之其理然也○蓊翳音甕乙義木草茂盛枝蔓蘩蔽也若夫待之以不慈而欲責之以孝則下必不安下不安則心離心離則忮忮則不祥莫大焉忮音枝○上不慈而責下以孝則下心離背而不安不安則忮害之心生不祥之甚也爲人父母者甚慈乎甚慈乎然有姑息以爲慈溺愛以爲德是自蔽其下也故慈者非

違理之謂也必也盡敎訓之道乎言爲親者必以慈爲本重言以申曉之然有姑息縱容偏愛護短以爲慈者是自蒙蔽貽害其子孫非慈也不違其理而訓之以正盡其仁愛之心斯可謂之慈矣

亦有不慈者則下不可以不孝必也勇於順令如伯奇者乎夫慈者上之恩不可必期者也上或不慈則下不可以不孝昔周尹吉甫惑於後妻之言欲殺其子伯奇伯奇不敢辯乃順命而死至孝也然伯奇之孝適以彰父母之不慈耳故當以慈爲重也

조유쟝뎨삽팔 ᄒᆞ어린이ᄅᆞᆯ사랑ᄒᆞᄂᆞᆫ글이라

사랑이란거ᄉᆞᆫ우의셔아ᄅᆡᄅᆞᆯ편안이ᄒᆞᄂᆞᆫ비니우의셔사랑ᄒᆞ야게우르지아니ᄒᆞᆫ즉아ᄅᆡ셔슌ᄒᆞ야더욱친ᄒᆞᆫ지라고로놉픈나무소ᄉᆡ면가지붓지아니ᄒᆞ고못믈이말그면고기감ᄎᆔ지아니ᄒᆞᄂᆞ니박년ᄎᆞᆯ의구

북녁우에얼키고여러풀이집품진펄에셩ᄒᆞᄂᆞ니ᄌᆞ
손과며놀이사랑ᄒᆞ고어질되슌히ᄒᆞᆯ온리치가그러
ᄒᆞ니라만일사랑치아니홈으로써뒤졉ᄒᆞ고효도로
써바라고쟈ᄒᆞᆫ즉아릐밧다시편안치못ᄒᆞ고아릐편
안치못ᄒᆞᆫ즉마음이셔나고마음이셔난즉희코쟈ᄒᆞ
ᄂᆞ니희코쟈ᄒᆞᆫ즉길치아니홈이이만큰거시업ᄂᆞ니
라사ᄅᆞᆷ의부모된이그사랑ᄒᆞᆯ진져그사랑ᄒᆞᆯ진져그
러ᄒᆞᄂᆞ고식으로써사랑홈을ᄒᆞ고사랑ᄒᆞᆫ되쌔짐으
로써덕을ᄒᆞ논이잇지나이논스스로그아릐를희홈
이라고로사랑이란거슨리치어귀믈이름이아니라

반다시ᄑᆢ훈ᄒᆞᆫ도리를극진이홈인져ᄯᅩᄒᆞᆫ사랑차
아니ᄒᆞᄂᆞᆫ이잇시되아릐가히효도를아니치아니홀
지니반다시령을슌이홈에용밍이홈을빅그갓치홀
진져빅괴ᄂᆞᆫ쥬나라윤길보의아달이니계모의참소를입어아비령을어귀지아니ᄒᆞ야쥭오니라

逮下章第十九

君子爲宗廟之主奉神靈之統宜蕃衍嗣續傳序無窮不言天子而言君子者總諸侯卿大夫而言也逮自上及下也此章明以恩逮下之道言君子奉宗廟享神靈垂統緒宜蕃衍子孫傳續胤序以延無窮之祚故夫婦之道世祀爲大古之哲后賢妃皆推德逮下薦達貞淑不獨任己是以茂衍來裔長流慶澤言夫婦以傳世繼祀爲重古之賢后妃皆推廣恩德以及其下簡妾御之貞淑者薦達于君不專任一己之寵

是以後裔廣衍子孫衆多福慶長流於百世周之太姒有逮下之德故樛木形福履之詠螽斯揚振振之美螽音中振平聲○樛木詩意見前篇螽斯蝗屬一生九十九子振振美盛貌詩云螽斯羽詵詵兮宜爾子孫振振兮以比后妃不妬忌而子孫衆多振振美盛如螽斯子孫蕃盛和悅而飛集也太姒之德如此故詩人詠之比于樛木螽斯美善不一而足終能昌大本枝綿固宗社三王之隆莫此爲盛三王夏殷周也言后妃賢而胤嗣廣本枝大而宗社寧夏殷之世雖有賢妃不若周之爲盛也故婦人之行貴於寬惠惡於妬忌月星並麗豈掩於末光松蘭同畝不嫌於並秀行惡並去聲○言婦德貴寬而惡妬月大而星小同麗于天松高而蘭下同植于地月不掩星之光松不礙蘭之秀以比嫡賢且美能容衆妾而不妬也自后妃以至士庶人之妻誠能貞靜寬和明大孝之端廣至人之意不專一己之欲不蔽衆下之美務廣君子之

澤斯上安下順和氣烝融善慶源源肇於此矣言自后妃以及士庶之嫡妻誠能推廣古昔至賢后妃之德意不專欲而蔽下能寬和以廣嗣上下安順和氣集於庭幃而福澤善慶之源肇始於此矣

톄하쟝뎨십구 황후은혜를미루어 즁쳡의밋치ᄂᆞᆫ글이라

군ᄌᆞㅣ죵묘의쥬쟝이되야신령의졍통을밧드니맛당히ᄉᆞ속을셩ᄒᆞ게ᄒᆞ야ᄃᆡ젼ᄒᆞ기를무궁히ᄒᆞᆯ지라고로부부의도ᄂᆞᆫᄃᆡ로졔ᄉᆞ홈이큼이되니녯밝은왕후와어진왕비다덕을미루어아ᄅᆡ예밋쳐곳고어진이ᄅᆞᆯ쳔거ᄒᆞ야몸의ᄧᅡᆨ이홈을오로지아니ᄒᆞ니일로ᄡᅥ훗ᄌᆞ손이셩ᄒᆞ야만코경ᄉᆞ가지리흐르ᄂᆞ니쥬나

라퇴ᄉᆞㅣ아리의ᄆᆞᆺ치ᄂᆞᆫ덕이잇ᄂᆞᆫ고로규목글은복
록을품을형용ᄒᆞ고죵ᄉᆞ글은ᄌᆞ손셩ᄒᆞᆷ의아름다옴
을들어ᄂᆞ여마참ᄂᆡ능히근본과가지를창ᄃᆡ히ᄒᆞ야
지리종묘와ᄉᆞ직을완고케ᄒᆞᄂᆞ니삼왕(삼왕은하나라와은나라와쥬)
(나라세인군어라)의놉품이이만셩ᄒᆞ이업샤니라고로부인
의힝실이너그런은헤을귀히녀기고투긔ᄒᆞᆷ을미워
ᄒᆞᄂᆞ니달과별이아올나ᄂᆞᆫ들엇지져근빗에기리우
며솔과난초두둑을ᄒᆞ가지효들아울나셩ᄒᆞᆷ을쳡의
치아녀ᄒᆞᄂᆞ니후비로부터ᄉᆞ셔인의아ᄂᆡ예이르러
진실노능히곳고안졍ᄒᆞ며너그럽고화ᄒᆞ야큰효도

의근본을발키며지극ᄒᆞᆫ사ᄅᆞᆷ의ᄯᅳ슬널려ᄒᆞᆫ몸의욕심을오로지말며여러쳡의아름다옴을미루지말어심써군ᄌᆞ의덕ᄐᆡᆨ을널리며이에우의셔편안ᄒᆞ고야리슈ᄒᆞ야화긔융융ᄒᆞ고어진경ᄉᆞ원원홈이이예비롯ᄒᆞ리라

待外戚章第二十

知幾者見於未明禁微者謹於抑末自昔之待外戚鮮不由始縱而終難制也雖曰外戚之過亦係乎后德之賢否耳 此明后妃待外戚之道見於未萌事未兆而預防之謹於抑末先戒其小過使敬憚而不敢為非古外戚之專權病國皆由君后縱之於始後得肆無忌憚後雖欲制之反為其所制而國亂矣大則宗社危亡小則身家覆滅雖

常當作嘗

外戚之罪亦君侯之不明所致也漢明德皇后修飾內政患外家以驕肆取敗未常加以封爵唐長孫皇后慮外家以富貴招禍請無屬以樞柄故能使之保全漢明帝馬后恐外戚恃寵驕橫故馬氏之門不加封爵唐太宗長孫后常言于帝請無任外家以樞要之權柄二后深明大體故二家得以保全其餘若呂霍楊氏之流僭踰奢靡氣燄熏灼無所顧忌遂致傾覆良由內政偏陂養成禍根非一日矣易曰馴致其道至堅冰也燄音晏○漢高帝后呂氏宣帝后霍氏晉武帝后楊氏三家皆恃寵僭越專擅國政恣無忌憚以取滅亡良由后妃內政偏私養成禍根甚致欲自保其身而不能故堅冰非一日之寒大禍非一朝之積易坤之初六辭曰履霜堅冰至象曰初六履霜陰始凝也馴致其道至堅冰也以明人初履霜則知陰氣凝而堅冰之將至外戚初肆寵則知驕氣盈而禍患之方來也夫欲保全之者擇師傅以教之隆之以恩而

不使撓法優之以祿而不使預政杜私謁之門絶請求之路謹奢侈之戒長謙遜之風則其患自弭矣弭音米○弭解也言后妃欲保全外家當如漢和帝鄧皇后選儒臣公忠廉正而多學者使之敎外家子弟置學以處諸外戚使誦讀于其中則得敎之之道矣又當隆之以恩不使撓阻國法重之以祿而不許于預朝政杜塞營私請謁之門斷絶請告求恩之路敎之以謙讓戒之以奢侈則能長保富貴而災患消弭矣若夫恃恩姑息非保全之道恃恩則侈心生焉姑息則禍機萌焉蓄禍召亂其患無斷盈滿招辱守正獲福愼之哉言外戚恃恩后妃姑息俱非保身全家之道盖恃恩則驕侈生姑息則禍害伏外戚包藏禍心召致亂亡其患祇始于無斷后妃有斷制之明杜禍機於未亂之先則不至於危亡而覆其宗矣故盈滿者敗辱之道也守正者福祐之由也可不愼哉

ᄃᆡ외쳑쟝뎨이십 외쳑을ᄃᆡ졉ᄒᆞᄂᆞᆫ글이라

긔미를아ᄂᆞ니ᄂᆞ박지못ᄒᆞ야녀보고져근허물을곰
ᄒᆞᄂᆞ니ᄂᆞᄂᆞᆺ터리억졔홈을삼가ᄒᆞᄂᆞ니녜로부터외
쳑을뒤졉홈이처음에방죵인홈을인ᄒᆞ야나종에졔
어ᄒᆞ기어렵지아니리져그니비록글오뒤외쳑의과
실이라ᄒᆞᄂᆞ또ᄒᆞᆫ후비덕이어질고어질지아니홈의
미엿ᄂᆞ니라한나라명덕황후ᄂᆞᆫ명덕황후ᄂᆞᆫ한나라명뎨의황후마셔라
안졍ᄉᆞ를닷금이외가의교만홈으로써ᄑᆡ홈을츄ᆡ홀
ᄶᅡ근심ᄒᆞ야일즉벼ᄉᆞᆯ로써더ᄒᆞ지아니ᄒᆞ고당나라
장손황후ᄂᆞᆫ외가이부귀로써지화를부를ᄭᅡ념려ᄒᆞ
야권셰자리로써부ᄎᆞ지말음을쳥ᄒᆞ고로능히ᄒᆞ여

곰보젼계ᄒᆞ고그남졔기려후와(려후ᄂᆞᆫ한나라 뒤조의황후라)곽후와(곽후ᄂᆞᆫ한나라 션뎨의황후라)양시(양시ᄂᆞᆫ진나려 무뎨의황후라)의류가타내ᄂᆞᆫ참남ᄒᆞ고샤치ᄒᆞ야긔셰가셩ᄒᆞ야도라보와새런바업다가드듸여망홈을일위니진실노안졍ᄉᆞ편벽홈으로말ᄆᆡ암아화근을길너일원이하로날ᄲᅮᆫ이아니라쥬역에글오ᄃᆡ졈졈망홈도를일위여셜이를발부면구든어름에이른다ᄒᆞ니외가를보젼코쟈ᄒᆞ논쟈논스ᄉᆞᆼ을가려써가라쳐은혜로써놉펴ᄒᆞ여곰법을ᄒᆞᆫ들지말케ᄒᆞ며록으로ᄡᅥ넉넉이ᄒᆞ야ᄒᆞ여곰경ᄉᆞ를교예치말게ᄒᆞ야ᄉᆞᄉᆞ로보인문을막으며쳔ᄌᆞᄒᆞ

ᄂᆞᆫ길흉을슌으여샤치ᄒᆞᄂᆞᆫ경계를삼가ᄒᆞ여겸손ᄒᆞᄂᆞᆫ
바람을질흥우게ᄒᆞᆫ즉그화이스스로사라지ᄂᆞ니라만
일외쳑이은혜를밋교후비가교식ᄒᆞ면보젼ᄒᆞᄂᆞᆫ도
ㅣ아니니은혜를밋ᄉᆞ온즉큰마음이나교교식ᄒᆞᆫ즉화
긔가갈무ᄂᆞ니ᄌᆞ화를끌머람을부르면고화이샹침
이업실지라가득ᄒᆞ면욕을불르고뎡다옴을직히면
복을엇ᄂᆞ니삼가ᄒᆞᆯ지어다

女四書卷之二

女四書卷之三

女四書卷之三

瑯琊　王相晉升　箋註

莆陽　鄭漢濯之　校梓

宋若昭女論語

唐書列傳

宋若昭貝州人世以儒聞父棻好學生五女若華若昭若倫若憲若荀皆慧美能文若昭文詞高潔不願歸人欲以文學名世若華著女論語若昭申釋之德宗貞元中盧龍節度使李抱貞表其才詔入禁中試文章論經史俱稱旨帝每與羣臣賡和五女皆預焉屢蒙上賚姊妹俱承恩幸獨若昭願獨居禁院不希上寵常以曹大家自許帝嘉其志稱爲女學士拜內職官尚宮掌六宮文學職與外尚書等兼教諸皇子公主皆師事之以師禮號曰宮師歷德順憲穆敬凡五朝寶曆初卒贈梁國夫人有詩文若干卷幷所訂女

論語行世
○家音姑

女論語序傳

太家曰妾乃賢人之妻名家之女四德粗全亦通書史

大家音恭姑○大家漢曹大家也此書宋氏所作而云
大家者猶女孝經出自唐鄭氏不敢自居其名而託云
曹大家也此篇首叙著書之意故稱大家之言吾名門
女賢士妻德容言工四者粗備經傳子史羣書遍覽也

因輟女工閒觀文字九烈可嘉三貞可慕凄惜後人不能追步

烈光也九烈言女子全貞完德有光於夫子上
榮高祖下蔭玄孫光烈昭於九族也貞純一其
志操而不二也三貞云者女子在家孝於父母出嫁孝
於舅姑敬於夫子三者之間皆克盡其貞純之德斯爲
女子之全行然此乃古人所常今人空勉而法
之恐後之女子不能追其步跡而履其行也

乃撰一書名爲論語敬戒相承教訓女子

恐女教未修乃編撰
此書名曰女論語傳

使女子童而習之必敬必戒承順其言體而行之方成賢淑世之遵守以爲女子之規則若依斯言是爲賢婦罔俾前人獨美千古言女子若能依此而行身與古之賢婦貞女同其美名罔俾猶言無使也後世女子能遵行此教則賢良衆多不使前賢獨擅美名於千古而無繼也

녀ᄉᆞ셔권지삼

송약쇼녀론어

당셔렬젼

송약쇼ᄂᆞᆫ패쥬사ᄅᆞᆷ이라ᄃᆡᄃᆡ션비로셰샹의소문ᄂᆞᆫ지라아비분이학을조와ᄒᆞ더니다셧샬을남의약화와약쇼와약륜과약헌과약슌이나다실법고아름다워글을능히ᄒᆞ니라약쇼ᄂᆞᆫ글이놉고조촐ᄒᆞ야사ᄅᆞᆷ의게가기를원치아니ᄒᆞ야문학으로써셰샹의이름코쟈ᄒᆞ야약화ㅣ녀론어를지음이약쇼ㅣ희셕ᄒᆞ니라당나라덕죵황뎨졍원희예로룡졀도ᄉᆞ리포졍이라그지조를쟝계ᄒᆞᆫᄃᆡ죠셔ᄒᆞ야금

즁의ᄃᆡ려문장을시험ᄒᆞ여경셔와ᄉᆞ거를의론ᄒᆞᆷ의다인군의뜻에마지니인군이미양여려신하로ᄃᆡ부려이어화답ᄒᆞ니닷셧ᄯᆞᆯ이다참여ᄒᆞ야여려벼샹즁을무름서형과동싱이ᄒᆞᆷᄭᅴ은혜괴임을밧으되약쇼ᄂᆞᆫ호을노금원의거ᄒᆞᆷ을원ᄒᆞ야인군과임을바라지아니ᄒᆞ고흥샹조되고로써스스로비ᄒᆞ니인군아그ᄯᅳ슬아름다히녁겨녀학ᄉᆞ라일ᄏᆞᆯ어녀직을비ᄒᆞ야벼슬샹궁을삼어륙궁뮨학을맛드나직품이빗과상셔벼슬노가탄지라겸ᄒᆞ야모든황ᄌᆞ와공쥬를가라쳐다스숭례로셤기니별호를굴오ᄃᆡ궁ᄉᆞ라ᄒᆞ다덕종과순종과헌종과목종과경종다셧인군을지ᄂᆡ여보력희예죡으니벼슬양국부인을쥬시니라골약간권과평론ᄒᆞᆫ바녀론어읫셔셰샹의항ᄒᆞ니라

녀론어셔젼

틔고ᅵ골오ᄃᆡ쳡은어진사ᄅᆞᆷ의아ᄂᆡ오이름난집의ᄯᆞᆯ이라네가지덕이계우오롯ᄒᆞ고ᄯᅩᄒᆞᆫ글과ᄉᆞ긔를

통ᄒᆞᆫ지라 뎌고노ᄒᆞᆫ나라조뎌고라이글은송시의지 은뎨나뎨고라이름은녀효경이당나라졍 시로부터나되감히스스로그이름의거처 못ᄒᆞ야조뒤고라부쳐일칼음피가톰이라 연ᄒᆞ야녀공을것고한가히문ᄌᆞᆯ을보니녯사ᄅᆞᆷ의구렬을 구렬 운녀 인의덕이구족 ᄒᆡ빗남이라 가히아름답고삼졍을 삼졍은녀인이 부모의게효ᄒᆞ 고시부모의게효ᄒᆞ고 가쟝의게공경홈이라 가히ᄉᆞ모홈즉ᄒᆞ거ᄂᆞᆯ집피후업어능히ᄯᆞᆯ으지못홈이두려울ᄉᆡ이예한글을편ᄎᆞᄒᆞ야론어라이름ᄒᆞ야경계서로밧들어녀ᄌᆞ를가라치노니만일이말을의지ᄒᆞ면이어진부인이될지니녯사ᄅᆞᆷ으로ᄒᆞ여곰홀로노쳔고의아름답게말라

立身章第一

凡爲女子先學立身立身之法惟務淸貞立猶成也立身成其爲人之道也成人之道何如在淸貞二字而已端潔安詳之謂淸純一守正之謂貞淸則身潔貞則身榮女子而能淸則潔靜而無玷女子而能貞則身立而名榮行莫回頭語莫掀脣坐莫動膝立莫搖裙喜莫大笑怒莫高聲掀音軒○行步回頭則失觀瞻之節掀脣露齒則無言語之容動膝則坐無定搖裙則立不穩四者皆賤相也當切戒而莫爲喜而大笑則失儀怒而高聲則發禮豈婦人女子之道二者皆輕相也當謹愼而勿犯內外各處男女異羣莫窺外壁莫出外庭出必掩面窺必藏形處上聲窺音虧○禮男子處外女子處內男行從左女行從右各不相犯故曰異羣女子無事不窺視戶壁之外不出外庭之中有不得已出外庭則用巾扇以遮蔽無使男人見其面有故必窺外戶當隱蔽其形無使外人得見其身男非眷屬莫與通名女非善淑莫與相親立身端正方可爲人男子非兄弟至親雖有大故言語之

間不得通構名字女子非賢善柔淑雖至戚亦不可與之常相親近恐累己之德如此則立身端莊正大方可以爲人矣

립신쟝뎨일 몸을셰우ᄂᆞᆫ글이라

ᄃᆡ범녀ᄌᆞ되매먼져몸셰움을ᄇᆡ울지니몸셰우ᄂᆞᆫ법은오직맑고꼿음을셤쏠지니맑근즉몸이조찰ᄒᆞ고꼿은즉몸이영화롭ᄂᆞ니ᄃᆞᆼ김ᄋᆡ머리를도리켜지말며말ᄒᆞᆷᄋᆡ입수어를흔들지말며안짐ᄋᆡ무릅을움지기지말며셔미ᄎᆞ마를흔들지말며질거워도크게웃지말며셩내여도소릐를놉피말라ᄂᆡ외각각쳐ᄒᆞ여남녀무리를달리ᄒᆞ야밧긔벽을엿보지말며밧긔쓸

에나지말며나미반다시낫슬가리워여일이잇셔밧글보미반다시얼골을감츄여남ᄌᆞ가권쇽이아니어든더부러이름을통치말며녀ᄌᆞ가어진이아니어든더부러셔로친치말라몸세움을단졍이ᄒᆞ여야바야으로가히사ᄅᆞᆷ이되리라

學作章第二

凡爲女子須學女工紉麻緝苧粗細不同車機紡織切勿匆匆

匆音聰苧音佇○此章言女工之道蓋生爲女子四德之一不可不學知學而不可不勤也紉搓輯也苧麻之紉續而緝之以備織布也麻苧二布各有粗細不同而紉緝之間須能一如式不可有粗細之異也紉緝既畢則用紡車紛紜纏綿續紵引上機以織布疋也紡績織之間用工空勤愼精工踈密如式不可匆忙而苟畧也

紗細布也

○[illegible]音頂看蠶煮繭曉夜相從採桑摘柘看雨占風淬濕卽替

寒冷須烘取葉飼食必得其中取絲經緯丈疋成工繭音簡柘音遮去聲淬音子飼音嗣○此言蠶織之事言男耕女織人之大務桑蠶之業女子之專事也養蠶繅繭之工空辛勤料理早起夜眠不可懶惰採桑柘之葉以供蠶食亮架飼食風雨空謹淬濕卽替換其筐寒冷則用炭火烘焙飼葉必按時晝夜均匀使之不傷於飢飽蠶既成繭繅其絲以別經緯織以爲丈疋則蠶織之工備矣輕紗下

軸細布入筒紬絹苧葛織造重重亦可貨賣亦可自縫刺鞋作襪引線繡絨縫聯補綴百事皆通能依此語寒冷從容衣不愁破家不愁窮綴音墜○言紗本生絲輕脆則卷軸之細布則彙卷成筒而便於堆貯也布疋紬絹重疊積聚貨賣以資日用餘者造作衣裳以禦寒暑或有餘工造作鞋襪針指女工無所不習女子能依此訓則家道豐足以無窮乏之患矣莫學懶婦積小痴慵不貪女務不計

春冬針線粗䢴爲人所攻嫁爲人婦恥辱門風衣裳破損牽西遮東遭人指點恥笑鄉中奉勸女子聽取言終積小猶言自小積成懶惰之性以致愚痴也機杼針指女子之當務乃棄而不貪春蠶冬醞女子之當知乃廢而不計及勉强爲針線之事則苟且粗䢴爲父母所攻責出嫁爲婦爲舅姑所賤惡而辱及門風貽羞父母矣婦女而不勤針線之事非惟不能照管舅姑夫子之衣卽自己衣裳亦破綻而不能補綴牽西以遮東提衿而露肘豈不爲傷人指點談笑懶惰之名傳播於鄉黨爲女子者可不戒哉敬聽此言而無忽也

학작쟝뎨이 질삼ᄇᆡ우ᄂᆞᆫ글이라

ᄃᆡ범녀ᄌᆞ되ᄆᆡ반다시녀공을ᄇᆡ올지니삼을삼고모슈를이으되굴고가늘미갓지아니ᄒᆞ니슈리 슈리ᄂᆞᆫ물너와실자ᄉᆡ와ᄊᆡ야시와돌것시라 와베틀노질삼ᄒᆞᆷ을ᄎᆞᆼᄎᆞᆼ이말라뉘예

를보살피여고치를써되ᄉᆡ베와밤으로셔로좃ᄎᆞ생봉
을ᄡᅡ여비올ᄡᅡ보고바람을졈ᄒᆞ야뉘예ᄯᅩᆼ이젓거든
곳갈어노며ᄎᆞ거든불ᄯᅬ이고생랍올취ᄒᆞ야밥먹이
되반다시맛게ᄒᆞ고실을취ᄒᆞ야날ᄒᆞ고씨ᄒᆞ야필베
로공부를일위되가븨아온비단은츄의니리고가는
베노통의듸려조밀ᄒᆞᆫ비단과모슈와칙을ᄡᅡ기를거
듭거듭ᄒᆞ면ᄯᅩᄒᆞᆫ가히팔기도ᄒᆞ며ᄯᅩᄒᆞᆫ가히스스로
옷슬지을지니실을슈노코보션을지여실을써가는
베예슈노여호와잇고기어셰미여빅ᄉᆞ를다통홀지
너능히이말을의지ᄒᆞ면치운셕의종용ᄒᆞ야옷손셔

러짐을근심치아니ᄒᆞ고짐은궁ᄒᆞᆷ을근심치아니ᄒᆞ리라。게우른계집의어릴졔로부터미련ᄒᆞ고게울녀녀인의일을탐치아니ᄒᆞ야봄파겨을을셰야리지아니ᄒᆞ야침션이거칠어사ᄅᆞᆷ의ᄭᅮ진ᄂᆞᆫ비되며시집가셔남의아니되미가문을욕되게ᄒᆞ며의샹이ᄯᅥ러져셔를잇그러동을가루ᄆᆡ면사ᄅᆞᆷ의지목ᄒᆞᆷ을만나고향즁의붓그럽게ᄒᆞᆷ을비우지말라밧드러녀ᄌᆞ를권ᄒᆞ노니말ᄉᆞᆷ을드러취ᄒᆞ라

學禮章第三

凡爲女子當知禮數女客相過安排坐具整頓衣裳輕行

緩步斂手低聲請過庭台問候通時從頭稱敘答問殷勤

輕言細語備辦茶湯迎來遞去

此章言待客之道男主於外女主於內男子待賓朋於廳堂女子待女客於內室禮也然其禮數不可不知如有女客未至之先灑掃內室安排欵坐之處及飲食茶湯之具俱要預先整辦及其至也整肅儀容理正其衣裳端詳穩重輕步低聲和顏悅色迎請以至庭戶之中從容見禮敘坐之後問其起居安否候其間別之情通其往來酬答之儀敘其寒暑時日之變言語之間次第有序應對隨方和緩而不急遽輕盈而不高聲茶湯香潔酒食豐腆迎送獻酬安詳中禮待客之儀盡矣

莫學他人

擡身不顧接見依稀有相欺侮

言休學傲慢無禮之人見客之來待起不起洋洋然擡其身而不顧盼接見怠教禮貌依稀而不適言語之間或欺其無知或輕其貧賤侮慢而不禮也

如到人家當知女務相見傳茶卽通事故說罷起身再三辭去主若相留禮遂待過酒畧沾唇食無叉筯退盞辭壺過承推

言婦女有事如到親戚之家當行女子所務之禮如前待于客之儀傳茶之後即通候叙故言畢相辭主若固留欵待飲酒不致面紅乜筋不可又亂主若添盃起身遜辭不得戀坐延遲有失禮節

莫學他人呼湯呷醋醉後顛狂招人所惡身未回家已遭點汚

呷呼甲反惡去聲○

切勿效小家婦女常間恣無禁忌大嚼狂飲湯乾醋盡而不知止飲酒致醉言語狂妄回家之時行步歪斜衣裳玷汚如此女人爲人所賤惡矣

當在家庭少游道路生面相逢低頭看顧

言女子宜不出戶庭不可游行道路不得已而行必遮蔽其面無使生人玩其顏色是必低頭顧步緩行而不失其儀

莫學他人不知朝暮走遍鄉村說三道四引惹惡聲多招罵怒辱賤門風連累父母損破自身供他笑具如此之人有如犬鼠莫學他人惶恐羞辱

莫學無知之女專好閒行不顧早晚走串鄉村恣言談說是非而無忌憚至于東隣西舍換口厮鬧惡言辱罵爭鬪損傷顏面衣襟玷辱家門父母破敗自己身名

以供傍人笑話如此之人不如犬鼠有何益哉戒爾女子切莫學此輩之人自招惶恐羞辱也

학례장뎨삼 례를비우ᄂᆞᆫ글이라

뒤범녀ᄌᆞ되미맛당히례를알지니안악손이오시거든안질ᄌᆞ리를베풀며의샹을졍졔ᄒᆞ며가졀히딩기고쳔쳔이거르며손을거두고소릐를나직히ᄒᆞ야마당파문의들기를쳥ᄒᆞ며시졀긔후를뭇고머리로좃ᄎᆞ말삼ᄒᆞ야폐셔뒤답홈파무름을은근히ᄒᆞ야가븨압게말ᄒᆞ고가늘리일너차와탕을갓초와오ᄂᆞᆫ이를맛고가논야를보니라다른사롬의몸을들어도라보지아니ᄒᆞ며뒤ᄒᆞ야봄을의희이ᄒᆞ야셔로소기고업

시녀김을비우지말라만일남의집의이르거든맛당
ᄒᆡ녀인의례를알어셔로보고차를젼ᄒᆞᆷ이곳ᄉᆞ고를
통ᄒᆞ고말을파ᄒᆞᆷ이몸을이러나두세번가기를쳥호
ᄃᆡ쥬인이만일머물너례셕에ᄃᆡ졉ᄒᆞ거든술은약교
입수얼을젹시며밥머금이시져를어지럽게말며잔
을물리치고술병을ᄉᆞ양ᄒᆞ야ᄃᆡ졉을파ᄒᆡᄒᆞ거든마
러막으라다른사ᄅᆞᆷ의탕을부르며초를마셔취ᄒᆞᆫ뒤
예업드러지고밋쳐사ᄅᆞᆷ의미여ᄒᆞᆫ노바를불너집의
도라오지못ᄒᆞ야이믜더러움만남을비우지말라맛
당히접의잇셔도로의놀믈젹이ᄒᆞ고싱면이셔로만

나거든머리를나직이ᄒᆞ야보라다른사ᄅᆞᆷ의아침파
젼역을아지못ᄒᆞ고골파마을에분쥬이딩겨셰슬말
ᄒᆞ여네슬일너악ᄒᆞᆫ소릐를ᄉᆞ어니여만이ᄉᆞᆨ지심파
셩님을불너뭇ᄒᆞ오를욕되야쳠게ᄒᆞ여부모새렬루되
야졔몸이뎔리고파ᄒᆞ야다른사ᄅᆞᆷ의우숨새리쟝만
ᄒᆞᆷ을비우지말라이가튼사ᄅᆞᆷ은미와쥐가튼이다른
사ᄅᆞᆷ의황공슈욕되믈비우지말라

早起章第四

凡爲女子習以爲常五更雞唱起着衣裳盥漱已了隨意
梳粧揀柴燒火早下廚房摩鍋洗鑊煮水煎湯 盥音管鑊黃八聲○

覺恐誤

此章言早起之事夙興夜寐女子之常一日之計在寅早起則百事可備禮曰女子之道雞初鳴着衣盥漱先問安於父母下廚覓柴火洗鍋鑊煎烹茶水以進父母舅姑

隨家豐儉蒸煮食嘗安排蔬菜炰豉舂薑隨時下料甜淡馨香整齊碗碟鋪設分張三飡飯食朝暮相當侵晨早起百事無妨

舂音充○茶湯既畢早膳及時至於菜蔬隨家有無豐則豐盈儉則省儉因時冷暖之宜或蒸或煑而鹽豉椒薑各隨其性而下之以甜淡馨香爲度潔靜碗碟照人數分散均匀務以豐滿者爲父母舅姑之膳三飡如式習以爲常然後退執女工庶無廢事蓋早起則百事攸爲稍或延遲則治食不能用工用工則不能治食矣

莫學懶婦不解思量黃昏一覺直到天光日高三丈猶未離床起來已晏却是慚惶未曾梳洗突入廚房容顏齷齪手脚慌忙煎茶煑飯不及時常

覺音教齷齪音沃觸○懶婦不息日計惟好貪眠方黃昏而寢日已高而不起或被父母舅姑嗔責慚惶

無地不及梳洗而入廚房容顏手足垢汚慌忙烹煮不能如式茶飯不能及時盖一懶之悞而百工俱廢矣 又

有一等餔餟爭嘗未曾炮饌先已偸藏醜呈鄕里辱及爺娘被人傳說豈不羞惶 餔補平聲餟音拙○又有好喫婦人飲食餔餟必先嘗食食之不已又私偸藏盖以爲自享不顧父母舅姑之飧或被尊長察覺羞辱怒罵貽累父母好口不良一至於此可勝笑哉○好去聲勝平聲

조긔쟝뎨ᄉᆞ 일즉이러남을말ᄒᆞᆫ글이라

ᄃᆡ범녀ᄌᆞ되미익켜덧덧ᄒᆞᆷ을롱야오경의닭이울거든이러나의샹을입고셰슈ᄒᆞ고양치ᄒᆞᆷ을단ᄒᆞᆷ이ᄯᅳ슬ᄡᅡ려비질ᄒᆞ고단장ᄒᆞ여남우를가려불을살렬일즉부엌의나려숫ᄉᆞᆯ시쳘물을ᄉᆞ리고탕을다려집의

형셰를ᄯᅡ러씨고ᄉᆞ그려맛보며쳐소를벌려노고쟝올
즈지고싱강을씨여ᄲᅧ를ᄯᅡ려장만ᄒᆞ야달고승겁고
향그랍게ᄒᆞ고긔명을졍졔ᄒᆞ야폐여나누와베풀어
셰ᄣᅵ먹ᄂᆞᆫ밥을죠셕의셔로맛당케ᄒᆞ라셔베의일즉
이러나면빗ᄉᆞ가방희롬이업시리라게우른계집의
십각ᄒᆞᆯ좁몰라황혼의한번졉을미꼿하ᄂᆞᆯ밝기여이
르러날이셕질이놉푸되오히려평상의셔나지아니
ᄒᆞ엿다가이러남이이믜ᄂᆞ진지라믄득붓그럽고황
공ᄒᆞ야당쵸의소예도아니ᄒᆞ고왁락부역의ᄃᆞ러열
끌빗시급박ᄒᆞ고슈족이밧버차다리고밥지음을ᄃᆡᆺ

덧ᄒᆞ오셔를 맛치지 못ᄒᆞᆷ을 비우지 말라 ᄯᅩ한 무리 잇셔 먹고마심을 다투어 맛보와 일즉 반찬을 의쿠지 아니ᄒᆞ야 먼져 이믜도 젼ᄒᆞ야 감츄와 츄집ᄒᆞᆫ 이름이 향리예 드러나고 욕이 부모셰 밋쳐 남의 젼파ᄒᆞᄂᆞᆫ 말을 드르니 엇지 붓그럽고 무셥지 아니ᄒᆞ랴

事父母章第五

女子在堂敬重爹娘每朝早起先問安康寒則烘火熱則扇涼饑則進食渴則進湯此章言事父母之道爲女子者每日早起先問父母之安寒則預備炭火炎則扇其床蓆潔淨爽凉之處以待父母之起饑餐渴飮各得其宜父母檢責不得慌忙近前聽取早夜思量若有不是改過從長或已有過誤父母嗔責之

不得强辯須從容敬聽不待因此慌忙悞事早夜思量自已過失如何而後可以無過如何而後可免父母嗔責必求改之而後已

父母言語莫作尋常遵依教訓不可强良若有不諳借問無妨諳音安○諳明習也父母所教誨之言不可忽畧須體貼遵依不得强良違拗自作聰明或有不明之處不妨從容借問父母

父母年老朝夕憂惶補聯鞋襪做造衣裳四時八節孝養相當父母老邁喜其高年壽考憂其先景無多時常照看其衣鞋勿使破綻寒薄調理其飲食勿令過飽過饑四時八節致其宴樂盡其孝養盖少年遇節則喜老年遇節則悲常恐良時不再遇故逢時節務使奉養無虧使其樂而忘老方可爲孝

父母有疾身莫離床衣不解帶湯藥親嘗禱告神祇保祐安康或遇父母有疾爲女者須朝暮不離床蓐衣不解帶而寢目不交睫而睡湯藥必先嘗而後進敬心禱祝於神明必求安復而後已

設有不幸大數身亡痛入骨髓哭斷肝腸劬勞罔極恩德難忘衣裳裝

殮持服居喪安埋設祭禮拜家堂逢周遇忌血泪汪汪或不孝至于死亡必須哀痛呼號擗顙泣血常思父母劬勞之恩如天罔極如有私財不可因子女異念而改其孝心必須竭盡其力以助兄弟之不及衣衾棺槨隨身殯殮之物必宜周愼詳明不可遺失持孝居喪必誠必敬葬祭之禮須要盡心時節周年忌日必哀息哭泣不可因爲女而廢其禮不可以已嫁而改其心方可謂生事盡力死事盡息者也莫學忤逆不敬爹娘纔出一語使氣昂昂需索陪送爭競衣妝父母不幸說短論長搜求財帛不顧哀喪如此婦人狗彘豺狼言不賢之女不知孝敬父母有訓不肯順從少有責備便生氣憤在家爭競衣飾索取嫁資出嫁則偏向夫婿不親父母父母身故則鬧言絮語謗摘兄嫂弟婦搜索父母遺財全無哀傷喪戚之容如此之女眞如豺狼之惡猪狗之不如矣

ᄉ부모장뎨오 부모셤기논글이라

녀ᄌᆞㅣ집의잇심애부모를공경ᄒᆞ고즁히녀겨미양
아침의일즉이러나면져편안ᄒᆞ심을무러ᄉᆞᆺ신즉불
을일위고더우신즉부ᄎᆡ질ᄒᆞ야셔늘게ᄒᆞ며쥬리신
즉밥을들이고목말으신즉탕을들일지니라부모ᄉᆞ구
짓거시든황망히말고압픠각가이가셔듯자와조셕
으로ᄉᆡᆼ각ᄒᆞ야만일올치아니ᄒᆞᆷ이잇거든허물을고
쳐진거ᄉᆞᆯ좃치라부모의말ᄉᆞᆷ을심상이알지말고가
라치신훈계를ᄯᅡ려의지ᄒᆞ야가히구티여올은체말
고일아지못ᄒᆞᆷ이잇거든뭇ᄌᆞ옴이무방ᄒᆞ니라부모
나히늘그셔새든죠셕의근심ᄒᆞ고두려ᄒᆞ야신과보

셩을지우며의상을지으되ᄉᆞ시와팔졀의효도로봉
양ᄒᆞᆷ이맛당케ᄒᆞ라부모병환이계시거든몸이평상
의ᄯᅥ나지말며옷시ᄯᅴ를스르지말어탕약을친이맛
보고산명세비러도와편안ᄒᆞ시게ᄒᆞ라셜ᄉᆞ불힝ᄒᆞ
야몸이업스시거든셔러움이끌슈의들며울미간쟝
이ᄭᅳᆫ어지난닷ᄒᆞ라부모의슈고로심이망극ᄒᆞ샤은
덕을잇기어려우니의상으로렴ᄒᆞ고복을입어거상
ᄒᆞ며안장ᄒᆞ고졔ᄉᆞ를베풀어궤연에례비ᄒᆞ고쥬년
이되야긔일을만나거든셔러우노눈물을흘리라어
질지못ᄒᆞᆫ계집의부모를공경치아니ᄒᆞ야졔우한말

삼을너시거든괴윤너기를곱히ᄒᆞ여시집갈저물을
장만ᄒᆞ여구ᄒᆞ야옷단장을다투며부모도라가시면
잘ᄒᆞᆷ과잘못ᄒᆞᆷ을의론ᄒᆞ여지물과비단을두여차져
슬프고셔러움을도라보지아니ᄒᆞᆷ을비우지말라이
가든계집은미와돗과시랑이니라

事舅姑章第六

阿翁阿姑夫家之主旣入他門合稱新婦供承看養如同父母此章言事舅姑之禮舅姑乃夫之父母一家之主也女子從夫於舅姑之前當盡新婦之禮敬事恭承亦如父母之禮也敬事阿翁形容不覩不敢隨行不敢對語如有使令聽其囑付新婦於阿翁之前低眉下氣不敢仰視其形容不敢追隨其行步如有語言側侍而聽從

容對答不敢對翁之面而語如有使令委婉聽從依其囑咐而無違悮姑坐則立使令便去早起開門莫令驚忤灑掃庭堂洗濯巾布齒藥肥皂溫涼得所退步階前待其浣洗萬福一聲即時退步姑坐則婦侍立於側有所使喚即去莫違每早起時開門動戶莫使響音動有聲恐其驚覺舅姑之寢用水灑地掃淨內庭淨洗手巾展布以待日用舅姑當起洗面之時預煖面湯安排巾布齒灰肥皂之具至于面湯須用溫煖預待不可過熱不可停冷送至舅姑之所退立以待其盥洗既畢問其安否退入廚堂治辦茶飯整辦茶盤安排匙筯香潔茶湯小心敬遞飯則軟蒸肉則熟煑自古老人齒牙疏蛀茶水羹湯莫教虛度既入廚下收拾洗抹茶盤碗碟匙筯茶湯務要潔淨馨香小心恭敬奉於舅姑飯宜軟蒸勿硬肉宜熟煑勿生當念年老之人齒牙稀疎蛀朽而不堅宜軟而不宜硬也一日之間隨時豐儉須要勤奉茶湯餅果當念老人日長腹空不可虛度也夜晚更深將歸睡處安

置相辭方回房戶日日一飯朝朝相似傳敎庭幃人稱賢

婦夜膳已畢舅姑將寢必請二親安置然後辭歸已房則一日事舅姑之道畢矣須要日日朝朝久敬不倦方成孝婦人人皆知爲婦之道如此不難惟長遠敬奉久而不衰然後爲難也事舅姑之禮既盡則庭幃之間弟婦子女效而法之咸遵其敎鄉黨之間婦人閨女敬而尊之愈美其孝是一家孝而一鄉俱孝矣

莫學他人跣梁可惡咆哮尊長說辛道苦呼喚不來饑寒不顧如此之人號爲惡婦天地不容雷霆震怒責罰加身悔之無路

跣梁者置籪于水中以防魚之出力大之魚跣梁而出以比婦人不遵舅姑之敎而自恣也咆哮惡聲之大以比婦人無禮高聲于尊長之前言不孝之婦驕傲自恣惡聲無禮誇能說苦於舅姑之前不聽其使喚不顧其饑寒則眞惡婦人天地雷霆豈容此不賢不孝之人哉及乎災殃患疾罰及其身始知不孝之罪悔之無路矣○咆哮音庖豪

ᄉᆞ구고장뎨륙 시부모를셤기ᄂᆞᆫ글이라

시부와자모ᄂᆞᆫ시가의쥬쟝이니이의그가문의들ᄆᆡ
맛당히신부의례를맛게ᄒᆞᆯ지니공ᄃᆡ봉양ᄒᆞᆷ을친부
모와갓치ᄒᆞ라시부를공경ᄒᆞ야셤기되열골을보자
말며감히ᄯᅡ러딩기지말며감히ᄃᆡᄒᆞ야말ᄒᆞ지말고
만알시기ᄂᆞᆫ일이잇거시든그부탁ᄒᆞ심을뭇자올지
니라시모안지신즉셧다가시기ᄂᆞᆫ일이잇거시든문
득갈지니라일즉이러나문을열되하여곰놀니시게
말고마당과마루를쓸며슈건을시치며양치질ᄒᆞᄂᆞᆫ
것과비누를갓초며셰슈물다ᄉᆞᆸ고셔늘ᄒᆞᆷ을맛당케
ᄒᆞ고ᄯᅳᆯ압페물너가그시치심을기달려문안말삼엿

자온후、에직시믈너가라소반을졍졔이ᄒᆞ며시져를
별리고차와탕을향그럽고조초리ᄒᆞ야마음을젹이
ᄒᆞ야공경ᄒᆞ라밥인즉부드럽게ᄶᅵ고고긴즉익게ᄉᆞ그
리라녜로부터로인이치아셕글고좀먹은연고니라
차믈과국탕을헛되이지ᄂᆡ지말라밤이집펴장ᄎᆞ자
ᄂᆞᆫ곳의도라가거든편안이자시기를쳥ᄒᆞ고방으로
도라갈지니날마다일반으로ᄒᆞ며아침마다이ᄀᆞᆺ치
ᄒᆞ야가라침을집안의젼ᄒᆞ면사ᄅᆞᆷ이어진부인이라
칭찬ᄒᆞᄂᆞ니라다른사ᄅᆞᆷ의방ᄌᆞᄒᆞ야입살슬어우며
존장의게포악ᄒᆞ야미우니쓰니잡말ᄒᆞ야불너도오

지아니ᄒᆞ며긔한ᄒᆞ심을도라보지아니ᄒᆞᄂᆞᆫ버릇ᄉᆞᆯ ᄇᆡ우지말라이가튼사ᄅᆞᆷ은일홈을악ᄒᆞᆫ계집이라ᄒᆞ 니턴디도용랍지아니ᄒᆞ시고뢰뎡이진노ᄒᆞ야쳑벌 이몸의밋치리니뉘쳐ᄒᆞᆯ질이업ᄉᆞ리라

事夫章第七

女子出嫁夫主爲親前生緣分今世婚姻將夫比天其義匪輕夫剛妻柔恩愛相因 此章言事夫之道言女子在家從父出嫁從夫夫者一身之主也然夫婦異姓相合以爲婚姻豈偶然哉由于前生契合之緣故成今世夫妻之好禮云夫者婦之天也陽剛陰柔天地之大義夫恩婦愛人道之大經 居家相待敬重如賓夫有言語側耳詳聽夫有惡事勸諫諄諄莫學愚婦惹禍臨身 女子從夫一身之主有君

臣之義服喪三年有父子之親共事父母有兄弟之誼異
姓相諧有朋友之道故夫婦之禮備于五倫宜相親相愛
待如賓客如有言語必敬聽而從之如行非禮之事必善
勸而阻之莫效不賢之婦非惟不能阻夫之惡反相助爲
非或自行非禮以累其夫
災禍臨身悔之何及也
夫若出外須記途程黃昏未返
瞻望思尋停燈溫飯等候敲門莫若懶婦先自安身
言夫如出
外遠近必問明方向遠則以便寄書近則留燈頓飯以待
其來或望久不至必令人尋訪以速其歸莫學不賢懶婦
夫未至而先眠無燈無
火不問其食與未食也
夫如有病終日勞心多方問藥遍
處求神百般治療願得長生莫學蠢婦全不憂心
夫如有
病在身
當每日焦勞小心看視調理湯藥求神問卜祈保平安夫
病稍愈飲食衣服愈加小心謹愼調護安全勿效不賢之
人任夫有病
全不經心
夫若發怒不可生嗔退身相讓忍氣低聲莫
學潑婦鬭鬧頻頻
夫主倘然有事嗔怒當下氣怡聲不可
回言抵觸勿效撒潑婦女每日尋非與

夫爭鬪 粗絲細葛熨帖縫紉莫教寒冷凍損夫身家常茶飯供待殷勤莫教饑渴瘦瘠苦辛同甘同苦同富同貧死同棺槨生共衣衾 紉音銀瘠音卽○夫主所着冬夏衣裳時宜熨帖縫綴整齊及時備辦恐天寒而莫措也至于茶飯飲食須要殷勤奉侍勿令饑渴致疾夫婦之道同其苦樂共其貧富生則同衾而共處死則並棺而合葬理之常也 能依此語和樂瑟琴如此之女賢德聲聞 賢良之女依此語而行之則夫妻好合琴瑟和諧賢德之名聞於閭里矣

수부장뎨칠 가장셤기ᄂᆞᆫ글이라

녀ᄌᆞ츌가ᄒᆞᆷ의가장이친ᄒᆞ니텬셩연분이오금셰ᄒᆞ온인이라가장을하ᄂᆞᆯ새비ᄒᆞᄂᆞ니그의가븨압지아니ᄒᆞ지라가장은강ᄒᆞ고아너ᄂᆞᆫ유ᄒᆞ야은혜와사랑으

됴셔로의지ᄒᆞ라집의잇셔셔로ᄃᆡ졉ᄒᆞᆷ의공경ᄒᆞ고
즁히ᄒᆞᆷ을손갓치ᄒᆞ야가장이말삼이잇거시든권를
지우려조샹이드르며가장이악ᄒᆞᆫ일이잇거시든교
ᄒᆞᆷ을됴슌이ᄒᆞ야어리셕은계집의화를잇ᄉᆞ려ᄒᆞᆷ와
당ᄒᆞ게ᄒᆞᆷ을비우지말라가장이츌입ᄒᆞ거시든길리
슈를괴여ᄒᆞ야ᄯᅢ가황혼이되도록오지아니ᄒᆞ거시
든바라며싱각ᄒᆞ야등불을머물너밥을ᄯᆞ숩게ᄒᆞ야
문열기를등ᄃᆡᄒᆞ야게우른계집의먼져스스로몸을
편안이ᄒᆞᆷ과갓치말라가장이만일병이잇거시든죵
일도로골로셥ᄒᆞ야여러가지로약을부러두ᄅᆞ신ᄒᆞᆷ

을구ᄒᆞ야ᄇᆡ가ᄌᆞ로치료ᄒᆞ야오리살기를원ᄒᆞ야쥬
쥬ᄒᆞᆫ계집의졍혜근심치아니ᄒᆞᆷ을빙우지말라가장
이만일노ᄒᆞ거시든가히ᄒᆡ를ᄂᆞ지말고몸을물리쳐
ᄉᆞ양ᄒᆞ야괴운을참고소리를나직이ᄒᆞ야사나온계
집의싸우고들네기ᄌᆞ조ᄒᆞᆷ을빙우지말라굴근실베
와가는침베를다리고호와치운괴운으로하여곰가
장의몸을여러ᄒᆞ되게말며집의ᄒᆞᆼ상차와밥을쟝만
ᄒᆞ야ᄃᆡ졉ᄒᆞᆷ을온근이ᄒᆞ야ᄒᆞ여곰괴갈ᄒᆞ야여위고
신고케말지니달고쓴거ᄉᆞᆯ한가지ᄒᆞ며부ᄒᆞ고간난
을한가지ᄒᆞ며죽음이쟝ᄉᆞ를한가지ᄒᆞ며살미이블

을한가지ᄒᆞᄂᆞ니능히말을의지ᄒᆞ면금실을화락ᄒᆞ리니이가튼녀잇ᄂᆞᆫ어진덕이들리ᄂᆞ니라

訓男女章第八

大抵人家皆有男女年已長成教之有序訓誨之權實專於母 此章言母儀之道言既爲夫婦必生男女男女既生則母儀之法不可不知也父主外事母主內事男女幼小居處于內故母教爲專 男入書堂請延師傅習學禮儀吟詩作賦尊敬師儒束脩酒脯 男子六歲便可讀書當請明師訓之而延待師尊來備贄敬之儀宴請酒脯之禮宜預辦殷勤不可失禮 女處閨門少令出戶喚來便來喚去便去稍有不從當加叱怒 叱音尺○養女以母訓爲主女子自幼勿令其出閨門及少長宜令其從母之教凡有使令不可違拗如不聽從即加責怒勿長其驕傲之心 朝暮訓誨各勤事務掃

地燒香紉麻緝苧若在人前教他禮數遞獻茶湯從容退步朝暮之間訓誨女子以勤儉為先燒香於家廟致其恭敬掃地於庭除如期潔淨紉麻以供針線緝苧以成布疋若有賓客女當奉家教其禮數週全般勤欽待茶湯遲步却立於母之後莫縱嬌癡恐他啼怒莫縱跳梁恐他輕侮莫縱歌詞恐他淫汚莫縱遊行恐他惡事女子不賢皆母憐惜而故縱之過也如縱之驕癡則養成無故啼號嗔怒之性縱之跳梁與母鬪口則有輕慢翁姑侮虐夫主之過縱之聽歌唱曲恐其習聽淫詞而生淫汚之心縱之閑行遊玩恐其恣意而行邪僻陰私之事不能禁之于未萌則習性已成為難改過矣堪笑今人不能為主男不知書聽其弄齒鬪閑貪杯謳歌習舞官府不憂家鄉不顧女不知禮強梁言語不識尊卑不能針指辱及尊親有玷父母如此之人養猪養鼠不明之人生男不知教以詩書任其逞兇鬪齒鬪酒歌唱邪淫

不懼官府之法度不理家庭之正邪不顧父母妻子之養終成癡人養女不知教以禮讓任其言語好強不敬尊長不理針黹之工不習勤儉之事出嫁子人必不能遵婦道而爲不孝之婦不賢之妻則貽誚尊親羞玷父母其始皆由母訓之不早也如此等婦人雖生男女其實與養猪畜猫相同甚矣母儀之道不可不明也

훈남녀장뎨팔 아달과ᄯᆞᆯ을가라치ᄂᆞᆫ글이라

대뎌사ᄅᆞᆷ의집의다남녀잇시니나히이믜장셩ᄒᆞᆷ의
가라침이ᄎᆞ례잇실지니가라치ᄂᆞᆫ권이실노어미게
젼ᄒᆞᄂᆞ니ᄯᆡ남ᄌᆞㅣ셔당의들만ᄒᆞ면스승을쳥ᄒᆞ야
마져례졀위의를익켜비우고시를푸여부를짓고
스승을존경ᄒᆞ되폐빅과술과포육을장만ᄒᆞ고녀ᄌᆞ
ㅣ규문의쳐ᄒᆞ야하여곰문의남이젹게ᄒᆞ고불너오

라ᄒᆞ면문득오고불너가라ᄒᆞ면문득가되져이좃지
아니홈이잇거든맛당히삭짓고셩념을베풀어아참
젼역으로가라쳐각각일을부지런니ᄒᆞ야ᄯᅡᆼ을쓸고
분향ᄒᆞ며삼을삼고모슈를이으며만일손님압픠잇
거든례법으로가라쳐차와탕을가려드리고죵용이
물너가게ᄒᆞᆯ지니노와에여ᄉᆡᆫ양파어리셕은짓할게
ᄒᆞ라울고셩될ᄭᅡ두렵고노와방죵ᄒᆞ게말라경망ᄒᆞ
고업시녀길ᄭᅡ두렵고노와노릐를불우게말라음탕
ᄒᆞ고더러울ᄭᅡ두렵고노와노라뎡기지말게ᄒᆞ라악
ᄒᆞᆫ일잇실ᄭᅡ두렵ᄂᆞ니라우숩파이졔사람은능히ᄎᆔ

장이되지못ᄒᆞ야아달이글을아지못ᄒᆞ고그희롱ᄒᆞ
ᄂᆞᆫ말을드러싸우고들네여ᄉᆞᆯ잔만탐ᄒᆞ여노리불으
고츔을의키며판법을거ᄌᆞᆼ치아니ᄒᆞ며가뎡을도라
보지아니ᄒᆞ고샬은례를아지못ᄒᆞ야언어를굿세게
ᄒᆞ야존비를아지못ᄒᆞ고반ᄂᆞᆫ질을능치못ᄒᆞ야욕이
시부모ᄭᅦ밋치며부모의게붓그러움이잇게ᄒᆞᄂᆞ니
이가튼사ᄅᆞᆷ은돗술기르고쥐를기름과가트니라

營家章第九

營家之女惟儉惟勤勤則家起懶則家傾儉則家富奢則家貧 此章言婦人營運成家之道成家不難在勤與儉二者而已矣盖勤儉二者乃相需而不離並行而不悖

勤以裕其儉儉以輔其勤勤而不儉枉勞其身儉而不勤甘受其苦也勤則興懶則敗儉則富奢則貧自然之理也

凡爲女子不可因循一生之計惟在於勤一年之計惟在於春一日之計惟在於寅勤力營家之人不可因循懈怠遷挨就延爲身之累不小盖女子年少能勤則百事精能爲一生之活計當春而勤作則衣食精良爲一年之活計當晨而勤作則家務整辦爲一日之活計

奉箕擁帚灑掃灰塵撮除邋遢潔靜幽清眼前爽利家宅光明莫教穢污有玷門庭奉上聲邋遢音臘塔○箕所以盛穢污帚所以除穢也灑水而掃地所以息止灰塵言清晨灑掃以滌除穢除去邋遢不淨之雜穢清閒而眼前開爽門户光輝矣

耕田下種莫怨辛勤炊羹造飯饋送頻頻莫教遲慢有悞工程至於耕種田土莫憚勤勞夫耕田而婦饋食茶水均匀時時照顧不可遲延饑餓以悞農工也

積糠聚屑喂養孳牲呼歸放去檢點搜尋莫教失落擾亂四鄰未糠

飯層存積以喂牲畜須當照管牧放以時檢點無失莫教奔入人家以擾居隣

夫有錢米收拾經營夫有酒物存積留停迎賓待客不可偷侵夫主錢穀有餘必須收藏完囤酒食有餘不可浪費須留貯以待不時之賓客不可私自飲食也

大富由命小富由勤禾麻菽麥成棧成囤油鹽椒豉盎甕粧盛豬雞鵝鴨成隊成羣四時八節免得營營酒漿食饌各有餘盈夫婦享福懽笑欣欣棧音暫囤音君盎昂去聲盛平聲○言大夫固有天命若衣食豐足日用不竆是爲小富則由於勤儉以積之禾稭穀也麻即芝麻菽豆也棧大倉囤以荊竹爲之頓米之小倉也言麻豆稻麥各宜封閉倉棧之中不可抛撒遺漏油鹽椒豉盡藏甕盎之內不可暴露變味雞豬鵝鴨及時畜養各成羣隊務期孳生蕃盛則時節之間宴客之日豐積有餘而無奔營急措之患夫婦之間豈不綽然有餘裕哉

영가장뎨구 집을경영ᄒᆞᄂᆞᆫ글이라

집을경영ᄒᆞᄂᆞᆫ녀인은오직검소ᄒᆞ고오직부지런ᄒᆞ니부지런ᄒᆞᆫ즉가산이일고게우른즉가산이지우러지며검소ᄒᆞᆫ즉가산이부ᄒᆞ고샤치ᄒᆞᆫ즉가산이간난ᄒᆞᄂᆞ니ᄃᆡ범녀ᄌᆞ되ᄆᆡ가히인슌ᄒᆞ야게우르지아니ᄒᆞᆯ지니일싱계칙은부지런의잇고일년계칙은봄의잇고하루계칙은ᄉᆡ베에잇나니라ᄡᅡ례바지를밧들꼬비를가져ᄌᆞ와몬지를물ᄲᅮ려ᄡᅳ러불졍ᄒᆞᆫ거슬모도와제ᄒᆞ야정결ᄒᆞ고맑게ᄒᆞ면눈압피샹쾌ᄒᆞ며가ᄐᆡᆨ이팡명ᄒᆞ리니더럼으로하여곰문졍의어질업게말라밧슬가라씨를ᄂᆞ리ᄆᆡ신고ᄒᆞᆷ을원망치말고국

을싀리고밥을지여먹을것보ᄂᆡ믈ᄌᆞ조ᄌᆞ조ᄒᆞ고하
여곰더듸여셔농공을그르치게말라겨를ᄡᆞ두고가
루를모도와김싱을메여노와가믈불너도라와샹고
ᄒᆞ야차져ᄒᆞ여곰일교세여이옷슬요란케말라가장
이젼곡이잇거든슈습ᄒᆞ야경영ᄒᆞ고가장이술이잇
거든머믈너두어손님을마져듸졉ᄒᆞ고가히도젹ᄒᆞ
야마시지아니홀지니라큰부쟈ᄂᆞᆫ텬명으로말미암
고져근부쟈ᄂᆞᆫ부지런홈으로말미암ᄂᆞ니벼와참ᄭᅵ
와콩과보리를곳집을일우며지름과소곰과초쵸와
메조를동의와항아리에담으며돗과닭과계우와오

리를셰를일위게ᄒᆞ야ᄉᆞ시와팔졀의곱히경영홈을
면ᄒᆞ고술과장과밥과반찬을각각남뭄이잇게ᄒᆞ야
부부봉을밧어즉거히우숨을ᄒᆞ흔흔히ᄒᆞ라

待客章第十

大抵人家皆有賓主滾滌壺瓶抹光㯕子準備人來點湯遞水退立堂後聽夫言語 此章言佐夫待客之事壺瓶必須滾水滌洗盤㯕必須揩抹光輝設有客來便于欵待欲留飮酌須立堂後聽夫指令以便整備 細語商量殺雞爲黍五味調和菜蔬齊楚茶酒淸香有光門戶 有客在外輕言細語與夫商量稱家有無隨其豐儉必須滋味調和適口整置齊楚豐潔茶鍾酒具精雅光瑩其味淸香馥烈使客讚美稱賢則榮門戶有光美 紅日含山晩留居住點燭擎燈安排坐具枕席紗廚

鋪氈疊被欽敬相承溫涼得趣次曉相看客如辭去別酒殷勤十分留意夫喜能家客稱曉事如日晚遠遙客不能歸必須爲整頓房舍安排坐臥之具床帳枕席氈被鋪疊整齊冷暖溫涼俱合其宜次早仍備酒食以俟其行則待客之禮可謂周全夫喜其能治家客喜其能知禮矣莫學他人不持家務客來無湯荒忙失措夫若留人妻懷嗔怒有筯無匙有鹽無醋打男罵女爭啜爭哺夫受慚惶客懷羞懼啜音拙○言不賢之婦閒時不理家務客來愴惶無措茶湯不具夫若留客嗔怪不容勉强留賓而匙筯不全鹽醋不備有客在堂打兒罵女爭鬧飲食醜惡之聲揚于外庭則夫面無顏而增慚愧之容客受侮慢而有毒怒之色矣有客到門無人在戶須遣家童問其來處客若殷勤卽通名字當見則見不見則避敬待茶湯莫缺禮數記其姓名詢其事務等得夫歸卽當說許

奉勸後人切依規度言夫若出門有客至時須令家童接待請坐問其姓字有何事務或有內親長者當見則延入後堂而拜禮之不當見者則迴避遣人敬奉茶湯詳記事務俟夫至而陳說分明不可差悞欵客之道盡矣

ᄃᆡᄀᆡᆨ쟝뎨십 손님ᄃᆡ졉ᄒᆞ논글이라

ᄃᆡ뎌사ᄅᆞᆷ의집의다손과쥬인이잇시니술병을싯고틱ᄌᆞ를쓰셔사ᄅᆞᆷ오기를쥰비ᄒᆞ고탕을부으며물을갈고물너가집뒤예셔셔가쟝의말삼을드르라가ᄂᆞᆫ말로셰아려ᄯᅢ을죡이고지쟝을밥지여오미를죠화ᄒᆞ고치소를조죠리ᄒᆞ고차와술을ᄆᆞᆰ고향그라이ᄒᆞ야문호의빗치잇게ᄒᆞ라지ᄂᆞᆫ히산의길치거든손을

머물너등쵹을발키고침셕을폐셔공경으로밧들어
ᄃᆞᆫᄉᆞᆸ고셔늘홈이ᄆᆞᆺ당케ᄒᆞ고명일ᄉᆡ베의손이ᄒᆞ직
ᄒᆞ고가거든리별ᄒᆞᄂᆞᆫ슬품을은근이ᄒᆞ야극히마음을
듸려ᄒᆞ면가장은집을둥히홈을굿거ᄒᆞ고손님은일
을안다칭찬ᄒᆞ리라다른사ᄅᆞᆷ의집일을직히지아니
ᄒᆞ야손이옴ᄋᆡ탕이업셔밧버실조ᄒᆞ야가장이만일
손올머물으시거든아녀진노홈을품어져ᄂᆞᆫ잇시되
슈샤라이업고소금은잇시되초업셔아달을ᄯᅮ드리
며ᄯᆞᆯ을ᄭᅮ지져다투와마시고다투와먹어가쟝은붓
그럽을밧고손님은붓그럼품음을비우지말라손님

이잇셔문의이르되사룸이문에잇지아니ᄒᆞ거든집
아희를보니여그오신곳과무러손님이만일은근이
ᄒᆞ거든곳이름파ᄌᆞ를통ᄒᆞ야맛당히볼테면보고보
지못ᄒᆞᆯ테면피ᄒᆞ야공경ᄒᆞ야차와탕을뒤졉ᄒᆞ야례
졀를이절어지게말며그셩명을긔록ᄒᆞ여그일을무
러가장도라옴을등디ᄒᆞ야곳맛당히말을분명이ᄒᆞ
라밧들어후인을권ᄒᆞ노니규모법도를의지ᄒᆞ라

和柔章第十一

處家之法婦女須能以和爲貴孝順爲尊翁姑嗔責曾如
不曾上房下戶子姪空覩是非休習長短休爭從來家醜

不可外聞此章言和柔之道陽剛陰柔男女之義也故處家者以柔和爲貴事親者以柔順爲先翁姑如有言語嗔責雖曾猶如不曾謹記其失而改之不可記惡於心也同房共户幼小子姪之輩宜憐愛而親恤之妯娌姑嫂之間不可談論是非爭競長短彼雖有醜惡之事既在至親即如我之不幸豈可彰聞于外以自揚其家醜也

東隣西舍禮數週全往來動問欵曲盤旋一茶一水笑語忻然當說則說當行則行閑是閑非不入我門至于隣舍密邇親近不可失其和睦若有人家女眷往來動問寒温詢其欵曲禮數週全茶水奉敬言笑歡忻不失其禮事當可說則言不可談非禮之事情當可往則往不可入非禮之家隣家是非長短我不預其事不泄其言則是非過咎不及于我矣

莫學愚婦不問根源穢言污語觸突尊賢奉勸女子量後患前不賢之婦好聽是非一聞人言不辨眞僞即出污穢之言逞强爭辯觸犯尊長傷殘至戚毁罵隣里無所不至此等婦人皆因少年失教理義不明故居無好行出無好語敗禮喪德一至于此可不戒哉

화유장뎨십일 (화ᄒᆞ고유슌을 말ᄒᆞᆫ글이라)

집의쳐ᄒᆞᄂᆞᆫ법을부녀능히ᄒᆞᆯ지니화로써귀ᄒᆞᆷ을ᄉᆞᆷᄒᆞ고효슌으로놉품을ᄉᆞᆷᄒᆞ라시부모셩니여ᄉᆞ구지심을알족드려도듯지아니ᄒᆞᆫ듯ᄒᆞ고방의오르고문의니리미ᄌᆞ질을맛당히친히사랑ᄒᆞ야시비를말며장단을담투지말고집안의불경ᄒᆞᆫ일을가히밧긔들리지아니ᄒᆞᆯ지니라동력이웃파셔편집의례슈ㅣ두루온젼ᄒᆞ야오고가미안부를뭇고판곡히쥬션ᄒᆞ야한그릇차와한잔물이라도우숨말노흔연이ᄒᆞ야맛당히말ᄒᆞᆯ만ᄒᆞ면말ᄒᆞ고맛당히힝ᄒᆞᆯ만ᄒᆞ면힝ᄒᆞ야쓸듸업

ᄂᆞᆫ시비를니문의드리지말라어리셕은계집이샤부라
와ᄀᆞᆫ원을뭇지아니ᄒᆞ고더러온말노놉픈어진이를
다질리ᄂᆞᆫᄒᆡᆼ실을비우지말라밧들어녀ᄌᆞ를권ᄒᆞ노
니뒤도예아리며압도ᄉᆡᆼ각ᄒᆞ라

守節章第十二

古來賢婦九烈三貞名標青史傳到而今後生女學亦匪難行 九烈三貞解見前篇言古之聖后良妃賢婦烈女名字標于青史之書傳芳聲於千古後生女子女效法而勉行之亦非高遠難行之事也 第一守節第二清貞有女在室莫出閨庭有客在戶莫露聲音 女子之道守節爲第一義清貞次之清則冰清華潔志行光明貞則栢操松堅歲寒不改有女在室令其處於內室不離閨門不有客則婦女低聲細語不聞於外此正家之至要也

談私語不聽淫音黃昏來往秉燭掌燈暗中出入非女之經一行有失百行無成行去聲○談論之間不可言私僻之語不可聽淫邪之音以亂惑心志禮云女子夜行以燭無燭則止無燭而暗行恐涉非禮之事而招人謗議也女有百行皆要周全一行有失則爲女德之累而百行不成也夫妻結髮義重千金若有不幸中路先傾三年重服守志堅心保家持業整頓墳塋殷勤訓後存歿光榮結髮猶總角男女少年之時也言結髮夫妻恩深義重設有不幸夫主身亡當痛哭悲傷服喪三年守志終身保守家業祭掃墳塋殷勤教管子女成人以嗣先人之志則存者歿者皆有光榮矣此篇論語內範儀刑後人依此女德昭明幼年切記不可朦朧若依此言享福無窮此總結全書之義言我作此女論語十二篇實乃內範姆教之儀刑凡爲女子當此爲儀之則而刑之也若能依此而行則女子之德昭明彰著不亦賢乎幼年之女當熟讀此書體而行之則終身爲賢女孝婦

貞妻慈母矣其享受
福祿豈有窮盡哉

슈졀쟝뎨십이 졀긔를직히ᄂᆞᆫ글이라

녜로옴이어진부인의구렬과삼졍이이름이ᄉᆞ고여
표ᄒᆞ야뎐ᄒᆞ야이졔가지이르니후인이맛당히ᄇᆡ올
지라ᄉᆞ도ᄒᆞᆫ힘ᄒᆞ기어렵지아니ᄒᆞ니라뎨일은졀긔를
직힘이오뎨이ᄂᆞᆫ맑고공슌이니녀ᄌᆞㅣ집의잇시아
규문과마당의나지말며손님이문의잇심의소ᄅᆡ를
드러내지말며ᄉᆞᄉᆞ말을일으지말며음탕ᄒᆞᆫ소ᄅᆡ를
듯지말며황홀ᄒᆞᆫ희녀왕ᄒᆞᆷ이ᄎᆞ불을잡으라어둔ᄃᆡ츌
입은녀ᄌᆞ의법이아니니ᄒᆞᆫ힝실만잘못ᄒᆞ면일ᄇᆡ힝

설이일우지못ᄒᆞᄂᆞ니라부쳐ㅣ털을ᄆᆞ지ᄋᆞ이(털을미짐은ᄒᆞᆫ인지이라)닙의가쳠금보단중ᄒᆞ니만일불힝ᄒᆞᆷ이잇습ᄂᆞᆫ로의먼져죽으면삼년[illegible][illegible][illegible][illegible]ᄒᆞ고ᄯᅩ습지히며마음을굿게ᄒᆞ야집을안보ᄒᆞ며업을직히고무덤을슈쳑ᄒᆞ야계칙히고은근이ᄌᆞ손을훈계ᄒᆞ야심종ᄒᆞᆫ이외국은이자다빗나고영화되게ᄒᆞ라이쳔론어ᄂᆞᆫ안변의와형이니후인이이를의지ᄒᆞ면녀ᄌᆞ의덕이발글지니어린셔여간졀이긔록ᄒᆞ야가히몽롱치말라이말ᄃᆡ로ᄒᆞ면복을무궁이밧드리라

女四書卷之三

女四書卷之四

女四書卷之四

王節婦女範捷錄 凡九十一篇

男王 相晉升訂註

先慈劉氏江寧人幼善屬文先嚴集敬公之元配也三十而先嚴卒苦節六十年壽九十歲南宗伯王光復大中丞鄭潛庵兩先生皆旌其門所著有古今女鑑及女範捷錄行世○金陵奎壁齋梓

녀ᄉ셔권지ᄉ

왕졀부녀범쳡록

션ᄌ친류시ᄂᆞᆫ강녕사ᄅᆞᆷ이니어려셔글짓기를잘ᄒᆞ시니션엄친집경공의원비라나히삼십의션엄친이상ᄉᆞ나시니신고ᄒᆞ신졀개륙십년이오슈ᄂᆞᆫ구십세라남종빅왕광복과뎨즁승졍잠암두션싱이다그문을졍표ᄒᆞ니지은바고금녀감과밋녀범쳡록이잇셔세상의힝ᄒᆞ니라

統論篇

乾象乎陽坤象乎陰日月普兩儀之照乾坤者天地之形日月者陰陽之體天地之間有陰必有陽故男女生焉有日必有月故晝夜分焉陰陽日月是爲兩儀男正乎外女正乎內夫婦造萬化之端有男女必有夫婦夫婦之道修而立內外之禮正子思曰君子之道造端乎夫婦修身齊家教之本也五常之德著而大本以敦仁義禮智信謂之五常五者之德常具於人心人能敦篤而擴充之斯爲希聖希賢之本三綱之義明而人倫以正君爲臣綱父爲子綱夫爲妻綱君正臣忠父慈子孝夫和婦順則人倫正矣故修身者齊家之要也而立教者明倫之本也經曰欲齊其家者先修其身身不修而家不可教矣君臣父子夫婦兄弟朋友謂之五倫堯使契爲司徒教以人倫父子有親君臣有義夫婦有別長幼有序朋友有信人倫明而天下治故立教爲明倫之本正家之道禮謹於男女養蒙之節教始於

飮食禮云男女六歲不同坐不同食男就外傅女遵姆訓又云男女能食教以右手飮食必後長者姆教婉娩聽從男唯女喩男不言內女不言外男行由左女行由右幼而不教長而失禮在男猶可以尊師取友以成其德在女又何從擇善誠身而格其非耶言教男女之道當在幼年不教則長而不知禮男子猶有師友以正其過女子在閨中若不早教則長而無所師法不能明乎善矣是以教女之道猶甚於男而正內之儀宜先乎外也此言教女比教男爲尤切以銅爲鑑可正衣冠以古爲師可端模範此言著書訓女之義人以鏡鑑形則容儀可正以古爲法則賢聖可師故女範所由作也能師古人又何患德之不修而家之不正哉

통론편녀범삼편을통히의론ᄒᆞᆫ편이라

하ᄂᆞᆯ은양을법측ᄒᆞ고ᄹᅡᆼ은음을법측ᄒᆞ니일월이량

의(량의ᄂᆞᆫ하ᄂᆞᆯ과샹이라)의빗침이너룹고남ᄌᆞᄂᆞᆫ밧긔셔졍다히ᄒᆞ고녀ᄌᆞᄂᆞᆫ안의셔졍다히ᄒᆞ니부부ㅣ만화의근본을졋ᄂᆞᆫ지라오샹(오샹은인과의와례와지와신이라)의덕이나타나ᄆᆡ큰근본이써도탑고삼강(삼강은군신과부ᄌᆞ와부부라)의의발금

ᄋᆡ인륜이써졍당ᄒᆞ니고로몸닷금은졔가ᄒᆞᄂᆞᆫ죵요롬이오가라침을셰움은륜긔를발키ᄂᆞᆫ근본이라집을졍다히ᄒᆞᄂᆞᆫ도ᄃᆞ려남녀의삼가ᄒᆞ고어린이를길으ᄂᆞᆫ절ᄎᆞᄂᆞᆫ가라침이음식의비롯ᄂᆞ니어려셔가라치지아니ᄒᆞ야자라나례를일흐면남ᄌᆞ의잇셔ᄂᆞᆫ오히려가히써스승을[illegible]고벗슬취ᄒᆞ야써그덕을

일위우려니와녀ᄉᆞ의잇셔ᄂᆞᆫ도어되로좃ᄎᆞ셩을규리
면몸을진실히ᄒᆞ야그그름을바루랴일노ᄡᅥᄯᅡᆯ가라
천ᄂᆞᆫ도ㅣ오히려아달보단심ᄒᆞ고안흘졍다히ᄒᆞᄂᆞᆫ
거동이맛당히밧긔보단먼져ᄒᆞᆯ지라구리로ᄡᅥ거울
을ᄒᆞᆷ이가히의관을졍다히ᄒᆞ고녜로ᄡᅥ스승을ᄒᆞᆷ이
가히법을단졍히ᄒᆞᆯ지니능히녯사ᄅᆞᆷ을스승ᄒᆞ면ᄯᅩ
엇지덕의다지못ᄒᆞᆷ과집의졍답지못ᄒᆞᆷ을근심ᄒᆞ리
오

后德篇第一

鳳儀龍馬聖帝之祥 舜時鳳凰來儀伏羲時龍馬負圖皆聖王之瑞應也此啓下文之意麟

方娶疑作生子

趾關雎后妃之德麟趾關雎二詩皆詠文王妃太姒之德言麒麟之足不踐生草不履生蟲比后妃之仁雎鳩生有定偶并遊而不相狎比后妃之德是故帝嚳三妃生稷契唐堯之聖嚳音酷契音屑○帝嚳元妃姜嫄祀郊禖而生后稷次妃簡狄降玄鳥而生契三妃慶都娠十四月而生唐堯三妃恭儉慈良三子賢明仁聖也○嫄音原禖音梅文王百子絡姜任太姒之徽姒音似○絡繼也徽美也詩曰太姒嗣徽音則百斯男言太王之妃太姜王季之妃太任文王之妃太姒皆仁孝慈相承其美而生王季文王武王身有天下而衍百男之慶也潙汭二女紹際唐虞之盛潙汭音圭芮○唐堯以舜有聖德降二女於潙汭以事舜二女娥皇女英敬承舅姑恭謹大舜不以帝女之貴而驕其夫家堯之女舜之妻父與夫皆聖人故曰際唐虞之盛塗莘雙后肇開夏商之祥夏禹妃塗山氏方娶四日而禹治水八年不歸塗山能教其子啓賢能承敬以家天下湯妃有莘氏恪恭誠順莊敬賢明皆能開國承家以啓夏商之業宣王晚朝姜后有待罪之諫周宣王日晏始朝姜后脫簪珥

待罪於永巷王乃勤政

楚昭晏駕越姬踐心許之言

晏駕薨也昭王出遊而樂曰寡人死誰從之者諸姬皆曰願從而越姬獨不言及王薨於軍諸姬皆不從越姬曰向者不從不欲從王好樂而死也雖不從而實心許之矣今王爲國而薨於軍敢不踐心許之約遂死從王

明和嗣漢史稱馬鄧之賢

漢明帝馬皇后和帝鄧皇后皆賢明恭儉仁厚愛民而東漢以治

高文興唐內有竇孫之助

唐高祖竇皇后太宗長孫皇后匡贊二君以成帝業長孫后猶賢每事盡其規諫太宗嘉納之

暨夫宋室之宣仁可謂女中之堯舜

宋英宗宣仁高太后擁孫哲宗垂簾聽政任賢不貳去讒不疑盡除弊政史稱女中堯舜

烏林盡節於世宗

金主亮逼淫宗婦葛王妃烏林氏不屈自縊於亭中後葛王即位是爲世宗終身不立后

弘吉加恩於宋后

宋降於元太后謝氏入朝元世祖后弘吉氏事之如娣姒恩禮有加

高帝創洪基於草莽實藉孝慈

明高帝孝慈皇后馬氏與帝同起草野知百姓之艱難規諫太祖勤儉愛民寬仁慈愛庶子二十餘待如已子

文皇肅

內治於宮闈爰資仁孝 成祖仁孝文皇后徐氏中山王達女也性仁恕孝敬作內訓二十篇以敎諸公主及臣庶之女 以稽古興王之君必有賢明之后不亦信哉 言創業之君必有賢明之后以成內治也

후덕편뎨일 왕후의덕을말ᄒᆞᆫ편이라

봉잉오ᄀᆞ룡마남은어진인군의샹셔오 슌인군셔예봉황이오ᄀᆞ복희시셔예룡마가그림을지고하슈의나니라 린지와관져ᄂᆞᆫ후비의덕이라 린지와관져ᄂᆞᆫ시경의편어름이니쥬나라문왕후비의덕을말ᄒᆞ、니라 이런고로뎨곡의셰후비ᄂᆞᆫ직과셜과당요의셩인을나코 뎨곡의원비강원은후직을나코버금비간뎍은셜을나코셧ᄌᆡ비경도ᄂᆞᆫ당요를나니라 문왕의일뵈아달은ᄐᆡ강과ᄐᆡ임과ᄐᆡᄉᆞ의아름다옴을이엇도다 쥬나라ᄐᆡ

(강은틔왕의후비오틔임은왕게의후비오틔ᄉᆞ눈문왕의후비라)위예두ᄯᆞᆯ은이어당
나라와우나라의셩홈을지음ᄒᆞ고(위예ᄂᆞᆫ두믈이름이오두ᄯᆞᆯ은요인)
(균의ᄯᆞᆯ아황녀영이니슌연균의후비라)도산유신두ᄒᆞ후비ᄂᆞᆫ빌로소하나
라와샹나라의샹셔를여럿도다(도산시ᄂᆞᆫ하나라우안균의후비오유신)
(시ᄂᆞᆫ샹나라탕인균의후비라)쥬나라션왕이늣게죠회밧음의강후
ㅣ죄를지달른간홈이잇고(강후ᄂᆞᆫ쥬나라션왕의후비니늣게이러나죠회밧)
(음을간ᄒᆞᆫ나라)초나라쇼왕이쥭음의월긔가마음으로허낙
ᄒᆞᆫ말을힝ᄒᆞ엿도다(초나라쇼왕이궁녀다려일너글오듸뉘가녀쥭음을좃칠고다ᄒᆞᆯ)
(오듸쥭ᄂᆞᆫ다ᄒᆞ듸월곽ᄂᆞᆫ말치아니ᄒᆞ더니그후애왕이쥭음이궁녀ᄂᆞᆫ좃ᄎᆞ쥭지아니ᄒᆞ되월괴ᄂᆞᆫ좃ᄎᆞ쥭)
(으라)나명뎨와화뎨한나라를이음이ᄉᆞ긔예마후와등

후의어질믈칭찬ᄒᆞ 한나라명뎨의후비ᄂᆞᆫ마시오화뎨의후비ᄂᆞᆫ등시라 고조와뉸뎨당나라를흥ᄒᆞᆫ이안으로두시와장손시의도음이잇도다 당나라고조의후비ᄂᆞᆫ두시오문뎨의후비ᄂᆞᆫ장손시라 숑나라션인의이르러ᄂᆞᆫ가히녀즁요슌이라이를지로다 숑나라션인고향후ᄂᆞᆫ영죵의후비니션ᄒᆞ야녀즁요슌이라이르다 오림시ᄂᆞᆫ셜개를세죵의게닷ᄒᆞ고 오림시ᄂᆞᆫ금나라세죵의후비니금쥬량의음탕코쟈ᄒᆞᆷ을듯지아니ᄒᆞ야목잘녀쥭으니라 홍길시ᄂᆞᆫ은혜를[illegible]뎨더ᄒᆞ엿도다 숑나라샤틔후원나라의사로잡핀비되엿더니[illegible]후홍길시가은혜로잘ᄃᆡ졉ᄒᆞ니라 고뎨큰덕을초망의창긔ᄒᆞᆷ이실로효ᄌᆞ를방쟈ᄒᆞ실고 명나라고뎨초야의이러나텬하를엇음이후비효ᄌᆞ마후의심이만ᄒᆞ니라 문황이안다시림을궁위

예엄육히ᄒᆞ심이이예인효ᄅᆞᆯᄉᆞ로ᄒᆞ엿도다 명나라인효황후ᄂᆞᆫ셩조의원비오즁산왕셔달의ᄯᆞᆯ이니녀훈을지ᄋᆞ시니라 녯졔왕업을흥ᄒᆞᆫ인군을샹고ᄒᆞ건댄반다시어질고발근후비잇ᄂᆞ니ᄯᅩᄒᆞᆫ밋지아니ᄒᆞ랴

母儀篇第二

父天母地 乾父道也坤母道也 天施地生 天施雨露地生萬物 骨氣像父性氣像母 骨氣主志性氣主情志陽情陰各從其類 上古賢明之女有娠胎教之方必愼 禮曰古者婦人娠子必有胎教立不蹕行必徐席不正不坐割不正不食目不視惡色耳不聽淫聲口不食邪味夜則令瞽者誦詩書陳禮樂則生子女形容端正才智過人矣 故母儀先於父訓慈教嚴於義方 言生子女母儀之教明然後能從父義方之訓 是以孟母買肉以明

信孟子少鄰於屠家問母殺豬何爲母戲曰與汝食也既而悔曰與子戲言是教以不信也乃解簪珥買肉以示信

陶母封鮓以教廉晉陶侃爲監魚吏寄鮓供母母封鮓還侃示之曰汝爲監吏而以官物遺親是不廉而干法也侃因感勵遂爲名臣

和熊知苦柳氏以興柳公綽妻韓夫人以熊胆和丸令子姪含之讀書以勵其苦志

畫荻爲書歐陽以顯歐陽脩少貧母夫人縣用蘆荻畫書以教讀

子發爲將自奉厚而御下薄母拒戶而責其無恩子發爲楚將歸省母母不納而責之曰子爲師以粱肉自甘而將士皆菽粒不飽是暴而無恩必喪師辱國非吾子也子發悔過自責與衆同甘苦將士皆悅

王孫從君王失亡而己獨歸母倚閭而言其不義齊王孫賈從湣王出走而失王賈自歸母曰汝朝出不歸吾倚門而望暮出不返吾倚閭而望今汝從王出走不知王之所在豈得爲義乎賈乃出因知王被殺集市入爲兵誅殺王者立王子爲襄王

不疑尹京寬刑活衆賢哉慈母之仁漢雋不疑爲京兆尹每斷刑多入罪則母憤不食多全活則母

乃喜敬不疑爲官仁而不殘遵母敎也

田稷爲相反金待罪卓矣孀親之訓田稷相齊受金遺母母反其金而責其貪稷待罪於王王赦之卒爲賢臣

景讓失士心母撻之而部下安唐李景讓爲節度性嚴刻將士有叛志母鄭氏陞堂撻景讓於階下將士皆叩頭求免一境獲安後爲賢帥

延年多殺戮母惡之而終不免漢河南守嚴延年母有子五人皆爲太守號萬石夫人行至郡値延年斷獄殺人甚衆血流成池母怒曰人命至重奈何殘酷至此殆不免矣遂不入延年後果誅死

柴繼母捨己子而代前兒齊宣王時有被殺者適兄弟二人在側兄曰我殺之弟曰我殺之王不能決問其母母曰當坐少者王曰少者非汝子耶母曰少者妾所生長者夫前妻子也妾實不知誰殺人若坐長者死是妾受夫之託而棄前人之孤也王義之而幷免焉

程[禾睪]妻甘己罪而免孤女南齊崖州參軍繼妻王氏夫卒奉喪歸已有幼子而前妻一女王以大珠爲女聯絡臂時珠禁甚嚴不稅而懷珠出境者死女棄其珠子幼納之於奩母女皆不知也出境爲吏檢出法當死官問誰當坐者母曰吾實

二

愛之當坐我女曰母已棄之妾竊取之當坐妾母子號哭於庭而爭死官詢其情歎曰賢哉繼母孝哉女也俱釋之

程母之敎恕於僕妾而嚴於諸子 宋二程夫子母侯氏敎子方嚴雖小過必請於父而責正之常曰父不知子之過皆母溺愛而隱蔽之也故敎子則嚴而有禮至待僕妾則恕而有恩未嘗笞扑之二子明道伊川先生遵夫人之敎皆成大儒

尹母之訓樂於菽水而忘於祿養 宋和靖先生尹焞母陳氏敎之曰學之未至如耕而不穫不可饑也紹聖初應進士擧時禁二程之學焞不對而出歸告母母曰吾願從菽水之養不願汝以仕養也伊川先生歎曰非此母不生此子

是皆秉御儀之淑訓著母德之徽音者也

모의편뎨이 어미거동을 말ᄒᆞᆫ편이라

아비ᄂᆞᆫ하ᄂᆞᆯ이오어미ᄂᆞᆫᄯᅡᆼ이니하ᄂᆞᆯ은베플고ᄯᅡᆼ은ᄂᆡ이ᄂᆞ니ᄭᅳᆯ긔ᄂᆞᆫ아비ᄅᆞᆯ얼골ᄒᆞ고셩긔ᄂᆞᆫ어미ᄅᆞᆯ얼

끌ᄒᆞᆫ자라빗졔로어질고발근녀인이ᄌᆞ식비며잇심
이티춍의가라치노법을반다시삼가ᄒᆞ니고로여마
거동이아비훈계보단먼져ᄒᆞ고사랑으로가라쳐야
의로가라첩보단엄ᄒᆞ니라일로써잉ᄌᆞ의어마니눈
끄기를사서신을발키고 (맘ᄌᆞ어려셔이옷집의돗죽 임을무른ᄃᆡ어마니ᄀᆞᆯ오ᄃᆡ)
(내를쥰다ᄒᆞ엿다니ᄋᆞ희ᄎᆞ김이불가 라ᄒᆞ나그돗끄기를사셔먹이니라) 도간의어마니
노젓슬봉ᄒᆞ야쳥렴을가라쳣도다 (진나라도간이그관 원이되야젓슬그)
(어마니ᄭᅴ보낸ᄃᆡ그어마니ᄀᆞᆯ오ᄃᆡ관가물건을ᄉᆞᄉᆞ 로맛으니쳥렴이아니오법의범ᄒᆞᆫ다ᄒᆞ고밧저아니ᄒᆞ)
(ᄒᆞ 라) 니웅담으로약을지여ᄉᆞ슬알게ᄒᆞ니류시가문이
아라나고 (당나라류공작의아니한시가웅담으로환 약을지여ᄌᆞ질을먹여글일세를권ᄒᆞ니라)

갈ᄲᅱ로그어글ᄉᆞ를쓰니우양시나타낫도다 츙나라 우양슈

집이관난ᄒᆞ야부시업심애그어마니 / 갈ᄲᅡ로ᄡᅥ글시를그어ᄀᆞ라치니라 조발아쟝슈되

야스스로먹기ᄂᆞᆫ두텁게ᄒᆞ고아리되졉ᄒᆞ기ᄂᆞᆫ박ᄒᆞ

게ᄒᆞ거ᄂᆞᆯ어미문을막어그은혜업심을ᄭᅮ짓고 초나라 쟝슈

슈조발이조봉은두텁게ᄒᆞ고군ᄉᆞᄂᆞᆫ박ᄒᆞ / 게ᄒᆞ거ᄂᆞᆯ그어미문을막고ᄭᅮ지시니라 왕손가인

균을좃다가인균을일코홀로도라오거ᄂᆞᆯ어미문

의비겨그올치아니믈말ᄒᆞ니라 졔나라왕손가권왕 / 을좃다가왕의곳슬

일코도라온대그 / 어미ᄭᅮ지시니라 죠불의셔올의벼슬ᄒᆞᆷ이형벌을너

그러이ᄒᆞ야여러슬살리니어질다조모의인ᄌᆞᄒᆞᆷ이

오 한나라죠불의셔묘윤이되미사ᄅᆞᆷ형벌ᄒᆞᆷ을 / 만이ᄒᆞ거ᄂᆞᆯ그어미ᄭᅮ지셔면이살리니라 면직

이졍승이되야금을돌려보ᄂᆡ여죄를지다ᄅᆞ니놉다

편모의효계로다 졔나라졍승뎐직이금을밧어어미게보ᄂᆡᆫᄃᆡ어미샤지셔돌려보ᄂᆡ니직이죄를졔왕ᄭᅴ쳥ᄒᆞᆫᄃᆡ왕이어질게알어도으니라

리경양이균ᄉᆞ의망음을일커놀어미믜질홈의균즁이편안ᄒᆞ고당나라리경양이졀도ᄉᆞ되야파히엄홈의쟝ᄉᆞ반홀ᄯᅳᆺ이잇거ᄂᆞᆯ그이미경양을믜질ᄒᆞ니균ᄉᆞ다안져ᄒᆞ니라

엄연년이사ᄅᆞᆷ죽임이만커놀어미여ᄒᆞ더니맛참ᄂᆡ면치못ᄒᆞ니라한나라엄연년이원이되매사ᄅᆞᆷ을만이죽이거ᄂᆞᆯ그어미셩ᄂᆡ여ᄀᆞᆯ오ᄃᆡ너도죽기면치못ᄒᆞ리라ᄒᆞ더니후에파연베여죽으니라

조시의계모ᄂᆞᆫ친아ᄃᆞᆯ을발여젼쳐의아ᄃᆞᆯ을ᄃᆡ신ᄒᆞ고졔나라션왕셰살명을입은자형뎨셔로담당ᄒᆞ니왕이결단치못ᄒᆞ야그어미다려무른ᄃᆡ어미ᄃᆡ왈져근자로좌죄ᄒᆞ소셔왕이ᄀᆞᆯ오ᄃᆡ젹은자ᄂᆞᆫ네아ᄃᆞᆯ이아니냐어

미ᄅᆞ오ᄃᆡ젹은쟈ᄂᆞᆫ쳡의나은비오쟝쟈ᄂᆞᆫ편쳐의아ᄃᆞᆯ이니쳡이실로뉘가사ᄅᆞᆷ죽임을모ᄅᆞ나만일쟝쟈ᄅᆞᆯ죽이면가쟝의부탁을져발일가ᄒᆞ노이다왕이올히녀겨다노으니라 졍록의아니ᄂᆞᆫ몸죄입음을달게ᄒᆞ야의로온ᄯᆞᆯ을면ᄒᆞ니라 졔나라위쥬참균졍록의후쳐왕시와젼쳐ᄯᆞᆯ이구실금법에잡펴죽게되믜모녀셔로죄를담당ᄒᆞ야죽기를다투니판원이올히녀겨다노으니라 졍ᄌᆞ의어마님가라침은복쳡의ᄂᆞᆫ두남두고모든아ᄃᆞᆯ의게엄ᄒᆞ시고 송나라졍ᄌᆞ의어마님후시아ᄃᆞᆯ가라치기ᄂᆞᆫ엄ᄒᆞ고복쳡의게ᄂᆞᆫ두남두니라 윤화졍의어마님훈계ᄂᆞᆫ숙슈를실거ᄒᆞ고록으로길ᄒᆞᆷ을이지시니 송나라윤화졍의어마니진시그아ᄃᆞᆯ이파거의갓디가졍ᄌᆞ의학금ᄒᆞᆷ을보고그져도라와고ᄒᆞᆫᄃᆡ어마니ᄅᆞ오ᄃᆡ숙슈길음을원ᄒᆞ고록으로길음을원치아니ᄒᆞᆫ다ᄒᆞ니라 ○이다ᄉᆞ당거동의어진훈계를잡어어미덕

의아름다온소릐를나타ᄂᆡ쟈니라

孝行篇第三

男女雖異劬勞則均(言人生雖有男女之別而父母劬勞養育之恩則均一無別也)子媳雖殊孝敬則一(男女則親生媳則義合其出雖不同而事父母姑舅之道其孝敬之禮則如一也)

夫孝者百行之源而猶爲女德之首也(萬善之端莫先於孝故爲百行之源婦人之義莫重於孝故爲女德之首)

是故楊香搤虎知有父而不知有身(楊香晉農夫楊豐女也年十四父耕遇虎將噬之香踴身向前按搤虎頸虎驚走而父得生夫幼女豈能制虎但救父之心切知有父而憤不顧身也)

緹縈贖親則生男不如生女(漢太倉令淳于意被罪當刑有女五人而無子臨行嘆曰生女不生男緩急非所益少女緹縈聞而悲之乃從父往京上書願以身入官爲奴而贖父刑文帝嘉其孝而免之因除肉刑)

張婦蒙冤三年不雨(漢東海張氏寡婦孝養其姑姑

憐其少恐已爲累而不得嫁也乃自頸姑女告婦殺姑官不察而處婦以極刑東海大旱三年後守至知婦以孝而冤死乃自祭婦墓未畢而大雨霑足

姜妻至孝雙鯉湧泉

漢姜詩妻龐氏至孝姑好飲江水龐遠汲以供之姑好食江魚龐毀粧以易之久而不怠地側忽湧甘泉其味勝江水泉中日躍雙鯉取以供親皆孝感所致

唐氏乳姑而毓山南之貴胤

胤音印○唐崔山南曾祖母長孫氏年高無齒祖母唐氏以乳哺其姑壽考以終崔後爲節度孝養祖母蓋孝姑之報也

盧氏冒刃而全垂白之孀慈

唐鄭義宗妻盧氏夜有羣盜入其家長幼奔竄惟姑在室盧冒白刃以身蔽姑爲賊箠擊幾死賊去人謂盧何不去答曰鄉鄰有難猶當救護老親在室而畏死不救乃禽獸之行也

劉氏齧姑之蛆刺臂斬指和血以丸藥

齧音業○明韓太初妻劉氏姑患風疾劉徹夜侍姑而驅蚊姑瘡癰潰生蛆劉嚙食之刺臂斬指取血和湯藥進姑而愈

閻氏舐姑之目斷髮矢志負土以成墳

明徽郡僉新妻閻氏夫亡翦髮守節以養姑姑目盲閻淨口以舐姑目復明姑卒自負土爲墳郡守旌之

〔宋當作漢〕

陳氏方于歸而夫卒於戍力養其姑五十年宋陳氏嫁未旬日夫忽行戍邊託妻養其母夫死不回父勸其嫁氏曰豈有受夫託養其親已許而背之乎欲自殺父懼而止陳力作養姑五十餘年姑卒葬祭成禮朝廷賜金旌之號曰孝婦張氏當雷擊而恐驚其姑要延厥壽三十載宋顧德謙妻張氏夢神示以明日當爲雷擊死曉聞雷聲甚巨恐驚其姑乃出屋跪桒下以待死空中有神曰是孝婦也當延其壽三十年趙氏手戮讐於都亭以報父漢龐淯妻趙氏父爲趙壽所殺有三弟皆欲報讐不幸俱死趙壽笑曰吾無憂矣趙氏使人告之曰我尚在勿喜也氏生子後一年遇壽醉來馬過都亭趙格之下馬而手刃之持頭詣縣請死令嘉異之奏貸其死娟女躬操舟於晉水以活親趙簡子將渡河舟人醉不起簡子欲殺之舟人女娟持楫而請曰妾父以主君將渡不測之淵故禱神而醉今殺之彼醉不知罪妾請代父操舟乃鼓楫而歌風恬浪息簡子大悅乃納之爲妃曹娥抱父屍於盱江漢曹娥父禱神醉溺於盱江娥投水尋父三日死抱父屍浮出木蘭代

父征於絕塞 唐秦木蘭女父當從征老病不能行弟幼弱蘭改粧代父從征十年立功於塞外始歸人不知其爲女也 張女割肝以蘇祖母之命 淮安女張二娘祖母病危醫言食肝可愈求之不得女乃自割肝橫割不得直割始得烹以進祖母祖母卽愈女痛絕而甦瘡口尋愈疤痂脫痕紅如十字 陳氏斷首兩全夫父之生 唐長安婦陳氏有讐人欲殺其夫乃劫其父逼使女開門殺夫女慮從之則傷夫不從則殺父乃曰吾夫每沐髮則散髮而臥於堂吾令其沐髮而開門以待汝乃歸醉其夫臥於樓自沐髮臥於堂開門待讐讐至誤殺婦以去父與夫皆獲全 是皆感天地動神明著孝烈於一時播芳名於千載者也可不勉歟

효칙편뎨삼 부모의게효도ᄒᆞᄂᆞᆫ편이라

아달과ᄯᆞᆯ이비록다르나부모슈고롭기ᄂᆞᆫ갓고아달과며나리비록다르나효도로공경홈은갓타니효도

ᄂᆞᆫ일ᄇᆡᄒᆡᆼ실의근원이니오히려녀ᄌᆞ덕의머리되ᄂᆞᆫ지라이런고로양향이범을셰안기ᄂᆞᆫ아비잇심을알고몸잇심을아지못ᄒᆞ고 양향은진나라양풍의ᄯᆞᆯ이라나히십ᄉᆞ셰예아비밧갈미범이물거ᄂᆞᆯ양향이달려들어범의목을셰안으니범이ᄂᆞᆯ너여다러나니라 뎨영이아비죄를속ᄒᆞ녀아달나음이ᄯᆞᆯ남만갓지못ᄒᆞ니라 한나라ᄯᅢ창원슌우의형벌의당ᄒᆞᆷ이탄식ᄒᆞ야왈ᄯᆞᆯ만잇고아달이업다ᄒᆞ거ᄂᆞᆯ뎨영이슬허ᄒᆞ야글을올녀몸이관비되고아비죄속ᄒᆞ기를원ᄒᆞᆫ듸인군이아름다이녀겨노으시니라 장시과부ㅣ원통ᄒᆞᆷ을무릅심이삼년을비ᄂᆞ리지아니ᄒᆞ고 한나라동ᄒᆡ골장시과부ㅣ시모를효도로길으거ᄂᆞᆯ시모가날로인연ᄒᆞ야귀가못ᄒᆞᆯ가ᄒᆞ야목잘녀죽으니시뉘장시다려시모를죽엿다ᄒᆞ야고관ᄒᆞ야죽이니그고을이삼년을비아니오거ᄂᆞᆯ후에원이그원통ᄒᆞᆷ을탐지ᄒᆞ고그무

뎡의졔ᄉᆞᄒᆞᆫ뒤비곳오니라 강시의아니지극ᄒᆞᆫ효도홈이두리어

시암의소ᄉᆡ니라 한나라강시의아니방시효도지극ᄒᆞᆷ이시모강물과강고기를조와ᄒᆞ나방시강물질고강고기사셔봉양ᄒᆞ더니집가의문득시암이나고날로두리어소서니쥐ᄒᆞ야봉양ᄒᆞ니라

당시ᄂᆞᆫ시모를졋먹여산남의귀ᄒᆞᆫ아달을길으고 당나라최산남의증조모장손시늘거이가업심위조모당시젓으로먹여슈ᄒᆞ야써맛치니후에산남어벼슬ᄒᆞ야록으로조모를봉양ᄒᆞ니라

로시ᄂᆞᆫ칼날을무릅서ᄂᆞᆯ근시모를구원ᄒᆞ니라 당나라졍의종의쳐로시밤의도적이집의들미집사람이다피ᄒᆞ되로시호을로칼날을무릅서그시모를구원ᄒᆞ니라도적이쳐셔거의죽게되얏더니라

류시ᄂᆞᆫ시모의부렴별에를셥고억기를지르고손가락을베여피로써환약을화ᄒᆞ고 명나라한뒤초의쳐류시시모의부렴별에를셥고팔과손가락피를너여환

약지여ᄡᅳ니병이나으니라 문신ᄂᆞᆫ시모의눈을할트며털억을ᄉᆞᆫ

코ᄯᅳ슬밍셔ᄒᆞ며흙을져셔무덤을일운니라 명나라휘군유라

신의쳐문시가장이쥭음의털억을ᄉᆞᆫ코ᄯᅳ슬직혀시모를길너시모눈이어둠의문시허로할더눈이다시

밝고시모쥭음의흙을져셔무덤을일위니라 진시바야으로시집가ᄆᆡ가쟝

이슈자리예쥭으니심써그시모를오십년을봉양ᄒᆞ

고 한나라진시시집가열날이못ᄒᆞ야가쟝이슈자리에갈졔그어마니를잘봉양ᄒᆞ라ᄒᆞ고쥭어도라오리

져못ᄒᆞ니그친부ㅣ키가코쟈ᄒᆞ니스스로쥭고쟈ᄒᆞ되그친부ㅣ놀내여근치니라효도로그시모를오십

년을봉양ᄒᆞ니조뎡이금을쥬고졍문ᄒᆞ니라 쟝시벽력칠을당ᄒᆞ야그시모

ㅣ놀닐가무셔ᄒᆞ야다시그슈삼십년을질게ᄒᆞ니라

송나라고덕겸의쳐쟝시ᄭᅮᆷ의신인이와일으되텬벌을맛나리라ᄒᆞ거ᄂᆞᆯ쇠베우레소리를듯고그시모ㅣ

놀볼가ᄒᆞ야ᄉᆡᆼ남우아릐ᄉᆞ려안져죽기를지다리더
니공즁의셔귀신이웨여효부라ᄒᆞ고슈삼십년을더
쥬니라 죠신ᄂᆞᆫ손으로죠슈를도뎡의셔죽여아비원슈
를갑고 한나라방육의쳐죠시아비죠슈의죽인ᄇᆡ되야세남동싱이잇셔원슈를갑고쟈ᄒᆞ다가불
힝이다죽으니죠슈잣거ᄒᆞ거ᄂᆞᆯ죠시사ᄅᆞᆷ으로ᄒᆞ여곰고ᄒᆞ야ᄀᆞᆯ오ᄃᆡ너가잇시니잣거말라ᄒᆞ고아달한
아나은뒤예도뎡의셔원슈를맛나손으로질너죽이니라 연녀ᄂᆞᆫ몸소비를진슈
의잡아어버이를살리니라 죠나라간ᄌᆞㅣ하슈를건너마ᄇᆡ사ᄅᆞᆷ이취ᄒᆞ야이
려나지아니ᄒᆞ니간ᄌᆞㅣ죽이고쟈ᄒᆞᆷ이ᄇᆡ사ᄅᆞᆷ셜이돗ᄃᆡ를잡고쳥ᄒᆞ야ᄀᆞᆯ오ᄃᆡ쳡의아비인군이측량치
못ᄒᆞᆫ물을건너심위ᄒᆞ야귀신의게비다가취ᄒᆞ니취ᄒᆞᆫ사ᄅᆞᆷ죽이면죄를모르ᄂᆞ니쳡이아비를가름ᄒᆞ야
ᄇᆡ를건너지이다ᄒᆞ니간ᄌᆞㅣ짓거ᄒᆞ야ᄃᆡ려후비를삼으니라 조아ᄂᆞᆫ아비죽엄을
우강의안고 한나라조아ㅣ부친이귀신의게바다가쥐ᄒᆞ야강의ᄲᅧ러져죽으니조아ㅣ강의

빠져아비사진■■■■의 비죽염안고강외■나라■랄은아니슈자리홈을원
방에뒤신ᄒᆞ니라 당나라진■란윤녀인이라에■■ 리슈자리ᄒᆞ기예당홈예늘거■■
못ᄒᆞ고동성이어려가지못ᄒᆞ니목란이단장을■■ 아비를뒤신ᄒᆞ야십년의공을원방의세우고도라오
되남이그녀ᄌᆞ 인 줄을모르더라 장녀ᄂᆞᆫ관을베여조모의명을엇고
회안골녀ᄌᆞ장이랑의조모ㅣ병이위티홈이역원말 이관을먹으면나으리라ᄒᆞ니장녀ㅣ스스로관을베
여살머조모■먹여병이낫고 장녀ㅣ죽엇다가세나나라 진신ᄂᆞᆫ머리를슨어가
장과아비살불다온젼야ᄒᆞ니라 당나라진시원슈사 룸이그슈장을죽어
ᄑᆞ자ᄒᆞ야그아비를갑쳐ᄒᆞ되쌀을■박ᄒᆞ야ᄒᆞ여곰 문을열어가장을죽이려ᄒᆞ니전녀ㅣ싱각ᄒᆞᆫ즉좃처
면가장을죽이고좃지아나ᄒᆞ면아비를죽일지라결 오뒤너가장이무욕ᄒᆞᆫ죽덜억을ᄒᆞᆺ고당의누어잔다
ᄒᆞ고녀인이머리목욕ᄒᆞ고가장갓치당의눕고 묘을여러두니원슈ㅣ녀인을죽이코가니라 이다

텬디를감동ᄒᆞ고신명을움적여효도와렬힝을일워시빼나타낫고샷다운이름을쳔지예젼파ᄒᆞ쟈니가히심스지아니ᄒᆞ랴

貞烈篇第四

忠臣不事兩國烈女不更二夫 齊王蠋曰忠臣不事二君烈女不更二夫言女之事夫猶臣之事君也臣事二姓則不忠女事二夫則失節 故一與之醮終身不移 醮醮也男婚女嫁父母醮而醮之女始嫁從夫再醮非禮也 男可重婚女無再適 男子以宗嗣祭祀爲重故妻死可再娶女則以守貞爲正 是故艱難苦節謂之貞慷慨捐生謂之烈 女子喪夫苦守是爲貞婦遇難不屈威逼不從寧死不辱婦曰烈婦女曰烈女 令女截耳劓鼻以持身 劓音義○夏侯令女魏曹文叔之妻也文叔死父母欲嫁之令女曰仁者不以盛衰改節義者不以

存亡易心乃自截其耳以誓節及夫家盡絕父母又欲嫁之女乃斷鼻以全貞

凝妻牽臂劈掌以明志

五代虢州司戶王凝妻李氏夫卒攜幼子奉喪歸止於旅店主人以其有喪不納李氏固求主人牽其手而出之李氏泣曰天乎吾不幸無夫而此手爲人所執耶乃引刀自劈其掌有司聞之乃旌李氏而責主人

共姜髧髦之詩之死靡他

髧髦音坦毛○衛世子共伯蚤死其妻共姜守義不從作柏舟之詩曰髧彼兩髦實爲我儀之死矢靡他髧垂也髦翦髮夾顖雙垂於耳子事父母之飾指夫也言與夫結髮爲夫婦今夫死吾亦守死而靡他也○顖音信

史氏刺面之文中心不改

明溧陽史氏女夫部一龍未嫁而夫死父母欲更擇壻女乃刺面文曰中心不改痛絕復蘇以墨塡文一晝不明復刺以補之事聞旌節以壽終

皇甫夫人直斥逆臣賣斧鉞而罵不絕口

皇甫規夫人能文善書規卒董卓聞其美欲娶之妻知不免乃詭卓門以義說之卓不從乃責罵之曰我大臣妻義不受辱汝羌胡雜種嘗肆吾夫帳下今敢無禮於爾君夫人耶卓怒懸其頭於車上亂箠擊之罵不絕口而死

竇家二女不從

亂賊投危崖而憤不顧身唐德宗時有朱泚之亂盜賊縱横奉天竇氏二女爲賊所逼姐先投深崖之下妹從之姊死而妹折肱以免帝聞而旌之

董氏封髮以待夫歸二十年不施膏沐唐賈直言謫嶺南謂妻董氏曰我去生死未可知汝少不宜獨居可自爲計董乃以繩束髮令夫手書封之誓曰非夫至不解二十年而夫始歸親解其髮

妙慧題詩以明己節三千里復見生逢明揚州盧進士妻李妙慧夫及第未歸訛傳夫死父母憐其貧寡欲嫁之時有南昌巨商謝啓無子母李氏在揚妙慧姨姑也欲以爲子妾父乃佯攜女之謝舟而去李知其故數欲自縊俱爲姨解姨姑知之乃以爲女而攜歸舟過金山寺李題詩而自署曰揚州進士盧某妻李妙慧題詩有蓋棺不作横金婦入地當尋折桂郎新詩題在金山寺高掛雲帆過豫章之句及盧擢官歸踪跡其妻不得因過金山寺見詩乃棄官之豫章商船多而不可詰因夜繞商舟而唱李之詩謝姑聞而招之因得見妻已爲尼乃復合事聞而復其官

桓夫人義不同庖而吟匪石之詩衛桓公夫人姜氏自齊適衛未及國門而公遇弑國入立其弟

宣公左右請姜同車姜不從乃築室自居於衛持慼三年
宣公請同庖而居姜不可乃詠匪石之詩以自誓終卒於衛

衛詩見鄘
風柏舟篇

乎夫人持兵閉巷而却闔閭之犯

吳王闔閭破
楚昭王出走

吳王聞昭王母伯嬴美而欲犯之伯嬴持兵守永巷而語
吳王曰大王舉兵匡正楚國而欲行不義何以霸天下婦

人之義守死無二迹妾必死又何樂焉王若殺妾是辱國
君之母而甘淫亂之名又何益哉王慚乃止伯嬴拒巷三句

秦兵救至
昭王返國

夫之不幸妾之不幸宋女之言哀

蔡人之妻宋
人之女也始

嫁而夫有惡疾女事夫不怠父母哀而欲嫁之女曰夫有
惡疾夫之不幸亦妾之不幸也夫有疾而棄之不仁女再

適而背夫不義不仁不義何用生爲乃
欲自殺父母遂止卒事其夫以終天年

使君有婦羅敷有夫趙王之意止

漢趙王家令妻秦羅敷美王欲奪之羅敷
作詩曰使君自南來五馬立躊躇使君語

羅敷還可共載不羅敷前致詞使君亦
何愚使君自有婦羅敷自有夫王乃止

梁節婦之却魏王斷鼻存孤

梁節婦夫亡有美色魏王欲妻之婦斷鼻曰王
之欲妾者以其色也今乃刑餘之人矣王何欲

旁妾之所以不死者以子幼而欲撫其成也魏王大慚乃賜號曰高行節婦

余鄭氏之貞唐帥嚴詞保節

南唐伐閩閩余洪妻鄭氏爲唐將王建封所獲王獻於主帥查文徽徽悅其色欲納之鄭氏貞之日王師弔伐襃忠旌節以揚風化建封行伍尚不汙節義君元帥也柰何身爲禍首耶查慚乃訪其夫而歸之

代夫人深怨其弟千秋表磨笄之山

趙簡子女爲代夫人其弟襄子宴代君而以銅斗擊殺之舉兵滅代而迎其姊姊仰天大哭磨首笄而刺喉以死代人哀之名其葬地爲磨笄山

杞良妻遠訪其夫萬里哭築城之骨

秦范杞良娶妻三日即赴築長城之役及天將寒妻姜氏製衣遠尋其夫聞夫已死積骸成丘乃檢骨滴血而識之血皆不入姜大哭三晝夜城忽崩見白骨數具復滴血滲入骨而不可拭者知爲夫骨也因負骸骨出潼關力竭不能行乃置骸於巖下坐其傍而死潼關人哀之因葬其夫婦立祠以祀之

唐貴梅自縊於樹以全貞不彰其姑之惡

明貴池女唐貴梅十七喪夫守志姑與商淫欲幷得貴梅梅罵不從姑告梅不孝官責梅梅當責不辯歸縊於梅而死不言姑

（之過）潘妙圓從夫於火以殉節而活其舅之生（元徐允讓妻潘妙圓從夫避兵賊執其翁而殺夫欲辱潘潘曰汝舍翁焚夫則從汝賊縱翁而焚夫潘跳入火而死詩）譚貞婦廟中流血雨漬猶存（宋趙宗室妻譚氏吉安人元破吉安趙逃去譚抱子避兵於文廟兵欲辱之譚罵兵兵怒殺其母子血漬于石洗之不去至今廟中每陰雨猶有血漬）王烈女崖上題詩石刊尙在（元末臨海民妻王氏色美兵亂殺其夫驅王過嵊縣清風嶺王題詩於嶺上曰君王無道妾當災棄女抛兒馬上來夫面不知何日見妾魂知向幾時迴兩行怨淚垂頰滴一對愁眉鎖不開遙望家鄉何處是存亡二字實哀哉遂投崖而死後人哀之刊其詩於壁○嵊音盛）崔氏甘亂箭以全節（唐趙元楷妻崔氏河北大亂夫婦避兵崔被執而免其夫賊欲辱之崔執刀以拒賊賊怒亂箭射之而死）劉氏代鼎烹活夫（元末楚中大饑兵掠人食之執民李仲義將烹食之仲義妻劉氏奔告兵曰吾夫餓瘦無肉吾聞婦人肥黑者肉美妾願代烹兵免夫而烹劉氏遠近莫不哀之）是皆貞心貫乎日月烈志塞

乎兩儀正氣凜於丈夫節操播乎青史者也可不勉歟

졍렬편뎨ᄉᆞ 곳고ᄆᆡᆼ렬ᄒᆞᆫ 향실편이라

츙신은두나라ᄅᆞᆯ셤기지아니ᄒᆞ고렬녀ᄂᆞᆫ두가쟝을곳치지아니ᄒᆞᄂᆞᆫ지라고로ᄒᆞᆫ번더부러쵸례ᄒᆞ면죵신토록옴기지아니ᄒᆞᄂᆞ니남ᄌᆞᄂᆞᆫ가히거듭혼인ᄒᆞ려니와녀ᄌᆞᄂᆞᆫ두번감이업ᄂᆞ니라이런고로쟝난ᄒᆞ고신ᄒᆞ고ᄒᆞᆫ절개ᄅᆞᆯ곳다이르고강개ᄒᆞ야살기바림을렬이라에르니라령녀ᄂᆞᆫ귀ᄅᆞᆯ베이고코ᄅᆞᆯ베여써몸을직히고 위나라하후령녀ᄂᆞᆫ조문슉의안ᄒᆡ라문슉이쥭음의부모시집보내고쟈ᄒᆞ니령녀글오[illegible]어진쟈ᄂᆞᆫ셩쇠존망으로ᄆᆞ음파졀개ᄅᆞᆯ곳치지아니ᄒᆞᆫ다ᄒᆞ고귀ᄅᆞᆯ[illegible]고밍셔ᄒᆞ엿더니가쟝의집이

다망ᄒᆞᆷ의부모ᄯᅩ시집보내고쟈ᄒᆞ니령
녀이예코를버혀써절개를직히니라
왕융의아ᄂᆡ
논팔을잇글미손을ᄶᅩ미여써ᄃᆞ슬밝히니라 오ᄃᆡ시
절의곽
쥬ᄉᆞ호왕융의쳐러시가장이죽음이어린아ᄃᆞᆯ다리
고반상ᄒᆞ야져무러여막의ᄌᆞ고쟈ᄒᆞ니쥬인이부연
의손을잡어너니리
시손올버흐니라
공강의담모글은죽을지언졍다
른ᄃᆡ아니ᄒᆞ고 위나라셰ᄌᆞ공빅이일족죽음의그쳐
공강어슈졀ᄒᆞ야글오ᄃᆡ더룬져두모
논실로너의ᄶᅡᆨ이나죽어도다른ᄃᆡ
가지아니ᄒᆞ리라ᄒᆞ고명셔ᄒᆞ니라
ᄉᆞ시의낭을졀은
글은죵심을몿치지아니ᄒᆞ니라 명나라률양고을ᄉᆞ
시녀의가장은쇼일ᄉᆞ
룡에나시집의가지못ᄒᆞ야가장이죽음의부모ㅣ다
시사회를갈어고쟈ᄒᆞ니녀인이낫을졀너글을써르
오ᄃᆡ죵심불기라ᄒᆞ야먹
으로써글확을칠ᄒᆞ니라
황보부인은바로역젹신하
를물리쳐독긔에죽어도ᄉᆞ구지심을입의근치지아니

ᄒᆞ고 한나라황보규부인이글을능히ᄒᆞ야가장이쥭음의동탁이그아름다옴을듯고ᄎᆔ코쟈ᄒᆞ거ᄂᆞᆯ
부인이ᄃᆡ의로써ᄭᅮ짓고쥭으니라 두가두ᄯᆞᆯ은란리도적을좃지아니
ᄒᆞ야위ᄐᆡᄒᆞᆫ언덕의던져분ᄒᆞ야몸을도라보지아니
ᄒᆞ니라 당나라덕종ᄯᅢ예도적쥬ᄌᆞ의란리예봉텬표을두서두ᄯᆞᆯ이도적의핍박ᄒᆞᆫ빈도야함ᄭᅴ집
픔언덕의던져형은쥭고동ᄉᆡᆼ은팔이부러져써면ᄒᆞ니인군이듯고졍문ᄒᆞ시니라 동시ᄂᆞᆫ털
억을봉ᄒᆞ야써가장도라오기를지다려이십년을지
ᄅᆞᆯ팔목욕을베플지아니ᄒᆞ고 당나라가직언이귀양감이아니동시다려일
너ᄀᆞᆯ오ᄃᆡ감위ᄉᆡᆼᄉᆞᄅᆞᆯ아지못ᄒᆞᆯ지라그ᄃᆡ졀머호을로살기맛당치아니ᄒᆞ니암의ᄃᆡ로ᄒᆞ라ᄒᆞᆫᄃᆡ동시
녹ᄉᆞᆫ으로써털억을묵거가장손으로글을써봉ᄒᆞ야밍셔ᄒᆞ야ᄀᆞᆯ오ᄃᆡ가장이오지아니ᄒᆞ면ᄭᅳᆯ으지아니
ᄒᆞᆫ다ᄒᆞ더니그후이십년의가쟝이와셔그털억을ᄭᅳᆯ으니라 묘혜ᄂᆞᆫ글을써졀개를

밝혀더니삼쳔리예다시살어만나니 당나라양쥬 교을로진ᄌᆞ
쳐리묘혜가쟝아름뎌ᄒᆞ야도라오지못ᄒᆞᆷ이가쟝쥭
엇다와젼ᄒᆞ니부모ㅣ그관난ᄒᆞ고혼ᄉᆞ되믈불쟝이
녀겨귀가ᄒᆞ고쟈ᄒᆞᆫ되듯지아니ᄒᆞ고원족고모ㅣ가소
겨여쟝ᄉᆡ당가지갓더니그후에가쟝이차져와다시만
나니라 환부인은의예부역을한가지못ᄒᆞ다ᄒᆞ야비셕
글을읇고 위나라환공의부인강시졔나라로부터위 나라의밋지못ᄒᆞ야환공이쥭임을만나니
나라사람이그아우션공을세우니라부인이집을ᄊᆡ 어위ᄉᆡᆼ의거ᄒᆞ야거상삼년을ᄒᆞ니션공이부역을한
가지로ᄒᆞ야살쟈ᄒᆞ고쳥ᄒᆞ되듯지아녀 니ᄒᆞ고비셕글을지여밍셔ᄒᆞ니라 평부인은병긔를
가져영항을닷고합렴의범ᄒᆞᆷ을물리치니라 오왕합 려ㅣ초
나라를ᄭᅵ치고소왕의어미ᄇᆡᆨ영을범코쟈ᄒᆞᆫ되ᄇᆡᆨ영 이병긔를가져영항을직히고오왕다려닐너글오되
왕이거병ᄒᆞ야초국을바르려ᄒᆞᆷ이엇지불의를 힝ᄒᆞ라잇가ᄒᆞᆫ되오왕이붓그려ᄒᆞ야근치니라 가쟝

의불힝은쳡의불힝이라ᄒᆞ니숑녀의말이슬프고

채나라사ᄅᆞᆷ의아ᄂᆡ눈숑나라사ᄅᆞᆷ의ᄯᆞᆯ이라비로소시집가미가쟝이악질이잇시되녀인이가쟝셥김을게울리아니ᄒᆞᆫᄃᆡ부모ㅣ불샹이녀겨ᄀᆡ가코쟈ᄒᆞ니녀ㅣᄀᆞᆯ오ᄃᆡ가쟝의불힝이쳡의불힝이라가쟝이병잇눈ᄃᆡ바림이불인이오두번시집감이불의라ᄒᆞ고죽고쟈ᄒᆞᆫᄃᆡ부모ㅣ근치니라

ᄉᆞ군은아니잇고라부눈가쟝이잇다ᄒᆞ니죠왕의ᄉᆞ듯이근치니라

한나라죠왕가령의아ᄂᆡ진라부아름다옴이왕애앗고쟈ᄒᆞᆫᄃᆡ라부ㅣ글을지여ᄀᆞᆯ오ᄃᆡᄉᆞ군은스스로아ᄂᆡ잇고라부눈스스로가쟝이잇다ᄒᆞ니왕이근처니라

량절부의우왕을물리쳠은코를베여어린아달을보존ᄒᆞ고

량절부ㅣ가쟝이쥭음이위왕이아너삼고쟈ᄒᆞ니절부ㅣ코를베여ᄀᆞᆯ오ᄃᆡ왕이쳡을욕심니눈바눈식으로썸이라이제코베안사ᄅᆞᆷ을무슨욕심이다시잇시리오쳡이꼿쥭지아니ᄒᆞᆫ바눈어린아달을셩취코쟈홈이라ᄒᆞ니왕이붓그러ᄒᆞ야호클

셜부라ᄒᆞ다 여졍신ᄂᆞᆫ당나라장슈를구ᄉᆞ지셔말을염ᄒᆞ게

ᄒᆞ야졀개를보젼ᄒᆞ니라 남당이민ᄉᆡᆼ을침이며홈의쳐졍시당나라왕교봉의어

든비되야쥬슈사문휘게ᄃᆡ리니쥬슈ㅣ짓거ᄒᆞ야밧고자ᄒᆞᆫᄃᆡ졍시ᄉᆡ지셔글오ᄃᆡ왕ᄉᆞㅣ박셩을도상ᄒᆞ

교죄잇ᄂᆞᆫ이를침이츙셩과졀개를포양홀지니엇지어갓튼불의지ᄉᆞ를힘ᄒᆞ누나ᄒᆞᆫᄃᆡ쥬슈ㅣ븟그러ᄒᆞ

야그가쟝을차져도라보너니라 뒤부인은집피그동싱을원망ᄒᆞ야

쳔츄의마계산을픔ᄒᆞ고 죠교ᄉᆞ셜이뒤부인이되야더니그동싱양ᄌᆞㅣ뒤군을

잔치ᄒᆞ다가쳐죽이고군ᄉᆞ를들어뒤를멸ᄒᆞ고그뉘를마지니뉘하ᄂᆞᆯ을울러러티곡ᄒᆞ고머리빈여를갈

어목을질너죽으니뒤ᄯᅡᆼ사ᄅᆞᆷ이슬퍼ᄒᆞ야그장ᄉᆞᄒᆞᆫᄯᅡᆼ을이름ᄒᆞ야마계산이라ᄒᆞ다 긔량의아

너ᄂᆞᆫ멀리그가쟝을차져만리여셩산ᄲᅧ를우나라 젼나

라범긔량이쟝가든삼일의쟝셩역ᄉᆞ의잡혀너니하ᄂᆞᆯ이차미그쳐강시옷슬지여멀리그가쟝을차지니이

믜죡은지라ᄒᆡ골이ᄡᅵ여언덕갓튼ᄃᆡᄲᅨ를갈여피
를ᄯᅧ루츄되다드러가지아니ᄒᆞ니강시ᄃᆡ프삼쥬야
의셩이문득문어져ᄇᆡᆨ골이잇ᄂᆞᆫ지라다시피를ᄲᅧ루
츄니바여들거ᄂᆞᆯ가쟝의ᄲᆡᆫ쥴알고지고동판셩의오
다가심어다ᄒᆞ야죡으니동판사ᄅᆞᆷ
잇슬펴ᄒᆞ야ᄉᆞ당세워졔ᄉᆞᄒᆞ니라 당귀미ᄂᆞᆫ스스로
남긔예목ᄆᆡ여ᄡᅥ정졀을오로시ᄒᆞ고그시어미악ᄒᆞᆷ
을틀쳐ᄂᆡ지아니ᄒᆞ고 명나라귀지셩녀언당귀미나
히열일곱의가쟝죡어ᄉᆞ드슬직
히나시어미ᄉᆡᆼ교로더부러통간ᄒᆞᆷ이야올나귀미ᄉᆡ
지엇교쟈ᄒᆞ거ᄂᆞᆯ귀미ᄉᆞ지셔좃지아니ᄒᆞ니시어미
미억불효ᄒᆞᆷ을교ᄒᆞ야관가의셔미를ᄉᆞ지시나미분
변치아니ᄒᆞ고도라가남긔예목미여죡고시어미ᄒᆡ
물올말아
니ᄒᆞ니라 반묘원은가쟝을블의좃ᄎᆞᄡᅥ졀개예죡어
그시부를살리니라 명나라셔윤양의아ᄂᆡ반묘원이
가쟝을좃ᄎᆞ병화을피ᄒᆞ니도적
이그시부를잡고가쟝을죡이교반시를겁칙ᄒᆞ고쟈
ᄒᆞ거ᄂᆞᆯ반시ᄀᆞᆯ오ᄃᆡ시부를노코가쟝을불사르면너

를좃치리라ᄒᆞᆫ듸도젹이시부를노코가장
을불사ᄅᆞ니반시불의ᄲᅱ여드러죽으니라
담졍부ㅣ

ᄉᆞ당가온듸쇠를흘리니빙오랴면ᄒᆞᆫ젹오히려잇고

송나라죠종실의아ᄂᆡ담시ᄂᆞᆫ길안고을사ᄅᆞᆷ이라원
병이길안을파ᄒᆞᆷ에죠ㅣ도망ᄒᆞ거ᄂᆞᆯ담시아ᄃᆞᆯ을안
고문묘의피ᄒᆞ엿더니군ᄉᆞㅣ겁칙ᄒᆞ고쟈ᄒᆞ거ᄂᆞᆯ담
시셔지신듸군ᄉᆞㅣ그모ᄌᆞ를죽이니피가돍의져져
시쳐도가시지아니ᄒᆞ야지금가
지비올나면피흔젹이잇ᄂᆞ니라
왕렬녀ㅣ언덕우의

글을ᄉᆞ니돍의각ᄒᆞᆷ이오히려잇도다

원나라림희빅
셩의아ᄂᆡ왕시
식이아름다와란병이그가장을죽이고왕시를모랴
승현청풍령을지ᄂᆞᆯᄉᆡ왕시글을지우의ᄉᆞ고빙위에
ᄯᅥ러져죽으니뒷사ᄅᆞᆷ이
슬퍼ᄒᆞ야돍의각ᄒᆞ니라
최신ᄂᆞᆫ어지런활살을ᄐᆞᆯ게

알어써졀개를오로시ᄒᆞ고

당나라죠원긔의아ᄂᆡ최
시하북이크게어지러뮈
부부ㅣ병화를피ᄒᆞ다가최시ᄂᆞᆫ잡피고그가장은면
ᄒᆞ니도적이겁욕ᄒᆞ고쟈ᄒᆞᆫ듸최시칼을잡아막으니

도적이활노코와죽이니라 류싄ᄃᆞ퇴살무릅ᄡᅳ디신ᄒᆞ야가장을
살리니라 원나라초즁이크게흉년드니군ᄉᆞㅣ사ᄅᆞᆷ을로략ᄒᆞ야먹을ᄉᆡ리즁의를잡아장ᄎᆞ살
무려ᄒᆞᆫ듸그아ᄂᆡ류시다려가군ᄉᆞ의게고ᄒᆞ야ᄀᆞᆯ오ᄃᆡ너가장은쥬리고여위여고기업고쳡은살지니원
권된듸신살무라ᄒᆞᆫ니군ᄉᆞㅣ그가장을노코류시를살무니라 이다ᄀᆞᆺ은ᄆᆞ음이일
월을ᄭᅦ이고밍렬ᄒᆞᆫᄯᅳᆺ이텬디예ᄎᆞᆷ쇽ᄒᆞ야졍다온긔
운이쟝부보단ᄂᆞᆫ릉ᄒᆞ고졀개지조ㅣᄉᆞ긔예젼파ᄒᆞᆫ
쟈ㅣ니가히심ᄡᅳ지아니ᄒᆞ랴

忠義篇第五

君親雖曰不同忠孝本無二致 陽節潘氏之言也言人能孝於親者必忠於君是爲人倫正義

古云率土莫非王臣豈謂閨中遂無忠義 天下皆爲王臣男女

皆君之民也女子豈無忠義哉詠小戎之駟勉良人以國君同歸秦仲征犬戎而沒於王事秦襄公勵兵秣馬必滅犬戎而後已故其民皆急視其上死其長其婦人皆勉良人以忠義有君國同讎之義讀秦風小戎詩可見也

伐汝墳之枚慰君子以父母孔邇文王寧六州之民供紂之役故汝墳之婦人伐條枚而思君子詠賴尾而慰良人勉以忠文王之德如父母之近早供王事而歸也見周南汝墳篇

美范滂之母千秋尚有同心漢范滂以直節死其母曰汝爲忠臣吾爲忠臣之母又何憾焉宋蘇子瞻母程氏讀范滂傳而嘉嘆之子瞻曰兒欲爲范滂大夫人許之乎母曰汝能爲范滂吾豈不能爲滂之母耶

封卞壼之墳九泉猶有喜色壼音闔○晉卞壼父子皆戰死墓在冶城明太祖建朝天宮欲平其塚見一婦衰麻而大哭帝怪問之答曰吾夫死忠子死孝吾忠臣妻孝子母又何憾焉言畢不見太祖問於人始知塚爲卞壼婦乃壼之妻也乃建祠而封墓

江油降魏妻不與夫同生魏伐蜀江油守臣馬邈降魏妻李氏吐夫之面曰守土之臣不戰死而降敵非吾夫也乃縊而死

蓋國淪戎婦恥其夫不死 蓋音閤○戎伐蓋國滅君死戎君下令曰蓋之臣敢有不降而自死者誅其妻子蓋將丘子將自殺左右救不得死乃歸妻曰國滅君死子何以生將曰回欲死人救故生妻曰昔以救生今胡不死答曰恐誅及妻子耳妻曰爲將而不力戰不忠君死不殉不仁戀妻子而忘君之辭不義妾不忍與子同生也乃自經死戎君賢之祠以太牢而存蓋國

陵母對使而伏劒 王陵事漢其母在楚項王拘其母語漢使曰陵不來吾將殺其母母對巠使曰語吾兒善事漢王母不足慮也乃伏劒而死系

母含笑以同刑 魏王經從少帝髦討司馬昭昭弒帝戮經母子於市經臨刑泣曰兒累母矣母曰汝爲忠臣吾含笑而入地矣何恨焉遂同死

池州被圍趙昂發節義成雙 宋趙昂發爲池州通判元兵圍城守棄城走都統出降昂發謂妻雍氏曰我守土臣當死此土汝宜先去妻曰君爲命官我爲命婦君爲忠臣吾獨不能爲忠臣婦耶妾請先死昂發止之及元兵入城昂發夫妻冠帶大書几上曰國不可背城不可降夫婦同死節義成雙乃同縊死於從容堂

金川失守黃侍中妻女同盡 明成祖兵入金川門

建文帝出亡侍中黃觀先出徵兵勤王聞國變自投於江成祖以黃妻翁氏及女配象奴爲婦翁請置酒具禮象奴出置酒禮妻女同投入通濟門河以死尸逆流入城中清溪黃尸亦從江流入城中貢院前三尸相聚國人異之乃建祠於貢院之南

朱夫人守襄陽而築城以却秦寇晉朱序守襄陽秦兵入寇夫人率家中婢妾自守一面城將傾夫人出私財連夜更築內城以退秦兵人謂其城爲夫人城

梁夫人登金山而擊鼓以破金兵金兵犯宋韓世忠率舟師逆戰於江宋兵少却梁夫人乃登金山自擊鼓以勵將士遂大破金兀朮於鎮江

虞夫人勉子孫力勤王事晉虞潭母孫氏值蘇峻犯京師潭守吳興母勸潭竭力勤王勿以母老爲慮又遣孫虞楚佐父從軍務圖忠孝潭後以功封侯母九十五卒謚曰宣夫人

謝夫人甘俘虜以救民生宋謝枋得起兵復宋不克而餓死妻李氏逃匿山中攜二子采草木而食元將欲捕李不得乃下令曰不得李氏即屠其山民李氏曰不可以我故而傷民命乃出就俘於建康獄比聞夫卒乃自經死二子獲免

齊桓尸蟲出戶晏娥踰垣以

殉君

齊桓公死五子爭立閉錮宮門四月不葬尸蟲出於戶外宮女晏娥不忍其君之暴露乃踰垣而殉君自縊於公之側

宇文白刃犯宮貴兒捐生以罵賊

隋煬帝幸江都而天下亂宇文化及使裵虔通弒帝宮人奔散獨宮女朱貴兒罵曰主上以天寒賜汝等以衣帛曾幾何時乃敢謀逆耶通等欲縊帝貴兒以身蔽君乃先殺貴兒然後弒帝

曾義保以子代先公之子

魯孝公稱武公之少子懿公之弟也兄子伯御殺懿公而自立入欲殺孝公公之保母臧氏以己子衣公之衣而臥於床伯御殺之保母乃抱孝公逃匿於舅家及長舅氏及保聞於宣王王殺伯御而立孝公號母曰孝義保

魏節乳以身蔽幼主之身

秦滅魏殺魏王盡誅諸公子有少公子烏乳母匿於山中王令人獻公子者賞千金匿之者誅其族魏有故臣謂乳母曰胡不獻之千金可得也乳母不從故臣以告秦王王命軍追之因亂發射其公子母以身遮蔽公子身中數十箭與公子俱死秦王哀之以卿禮葬號曰節乳母

孫婢也匍伏湖濱以保忠臣血胤

陳友諒破太平殺守將花雲妻郜氏死節婢孫氏抱其三歲兒匍匐湖濱蒲草

中孫逵子以食其兒有雷老者引之入金陵見明太祖言
事畢而雷忽不見因封其子爲東丘侯賜名花煒封孫氏
爲夫人煒以母事之毛惜妓也身甘刀斧恥爲叛帥謳歌毛惜惜淮之營妓也
宋李全降金攻淮淮帥降全適宴客召惜惜歌以侑客數召
而後至俯首不歌帥曰吾向令汝歌今不歌何也惜惜曰
朝廷以重兵付汝一旦降賊汝亦賊也吾雖官妓豈爲賊謳歌者哉帥怒殺之劉母非不愛子知
軍令之不可干南唐劉仁贍守壽州周師攻壽州子從諫欲劫周營不稟父而大敗回父以其違令
欲斬之諸將勸不從衆乃訴於夫人請救其子夫人曰妾
非不愛奈軍令不可違非夫人之可勸而勉也閉門痛哭
而不出卒斬其子章母非不保家願闔城之俱獲免主建封閩帥章氏之牙將
也常犯罪當誅章母因帥醉縱之逃入南唐後爲大將攻
建州城將下建封遣人以令箭插母之門曰主將將屠城
插此箭者免且用以報母恩也母還其箭曰吾不忍闔城
盡免而吾家獨全也願與城俱盡建封義之及城下一城
皆免章氏世顯於閩中是皆女烈之錚錚坤維之表表其忠肝義膽

足以風百世而振綱常者也

츙의편뎨오 [츙셩과졀의를 말ᄒᆞᆫ편이라]

인군과어버이비록ᄀᆞᆯ오ᄃᆡ갓지아니타ᄒᆞ나츙셩과효도ㅣ본ᄃᆡ두가지업ᄂᆞ니라ᄇᆡ져이르되텬하ㅣ왕의신하아님이업다ᄒᆞ니엇지규즁의츙의업다이르리오쇼용의ᄉᆞ말을품음이가장을인군과나라의원슈ᄒᆞᆫ가지ᄒᆞᆷ으로써권ᄒᆞ고 [젼츙이권용을치다가죽으니진양공이군ᄉᆞ와말을거ᄂᆞ려권용을멸ᄒᆞ기로ᄒᆞ니그ᄇᆡᆨ셩이싸홈의용망ᄒᆞ고그부인이가장을권ᄒᆞ야나라원슈를갑기로권ᄒᆞ야쇼용글을을푸니라] 여뉸의가지를쳐군ᄌᆞ를부로심히각가옴으로써위로ᄒᆞ니라 [쥬나라문왕이여분사ᄅᆞᆷ을거ᄂᆞ려샹쥬역ᄉᆞ의가니부]

인이문왕의ᄃᆡ아부모갓틈을 늣기여그가쟝을위로ᄒᆞ니라 범방의어마니를아름다히ᄒᆞ니쳔쥬의오히려망음한가진어잇고 한나라 범방이라 곳은절개로죽음이그어마니ᄀᆞᆯ오ᄃᆡ녀ᄂᆞᆫ츙신이되고나ᄂᆞᆫ츙신의어미되니엇지한ᄒᆞ랴송나라소ᄌᆞ첨의모친졍시범방젼을읽다가아름다히녀겨탄식ᄒᆞᆫᄃᆡᄌᆞ첨이ᄀᆞᆯ오ᄃᆡ아희범방이되고쟈ᄒᆞ면ᄂᆡ부인이허낙ᄒᆞ오릿가졍시ᄀᆞᆯ오ᄃᆡ네능히범방이되면ᄂᆡ엇지범방의어미되지아니ᄒᆞ랴 변곤의무덤을봉ᄒᆞᆷ이구쳔의오히려짓거운빗치잇도다 진나라변곤의부ᄌᆞㅣ다젼망ᄒᆞ야무덤이야셩의잇더니명나라ᄐᆡ조ㅣ궁을창건ᄒᆞ야그무덤을평코쟈ᄒᆞᆫᄃᆡ한부인이상복입고크게웃거놀ᄐᆡ조ㅣ고히녀겨무르시니ᄃᆡ답ᄒᆞ야ᄀᆞᆯ오ᄃᆡ가쟝은츙셩의죽고아ᄃᆞᆯ은효도의죽으니나ᄂᆞᆫ츙신의아ᄂᆡ오효ᄌᆞ의어미니엇지슬퍼ᄒᆞ리오말을다ᄒᆞᆷ의뵈이지아니ᄒᆞ거놀ᄐᆡ조ㅣ사ᄅᆞᆷ의게무러변곤의무덤을알고ᄉᆞ당을세우고무덤을봉ᄒᆞ니라 감유원마막이위나

라의항복ᄒᆞ거ᄂᆞᆯ아니가쟝으로더부러한가지살지
아니ᄒᆞ고위나라여촉나라를침이강유고을직히ᄂᆞᆫ신하마막이위나라의항복ᄒᆞ거ᄂᆞᆯ그아니
리시ᄅᆞᆯ오되ᄽᅡᆼ직히ᄂᆞᆫ신하ㅣ싸와죽지아니ᄒᆞ고항복ᄒᆞ니너의가장미아니라ᄒᆞ고목미여죽으니라
갑국이오랑캐의게멸ᄒᆞᆫ니부인이그가쟝이죽지아
니ᄒᆞᆷ을븟그려ᄒᆞ니라융이갑나라를쳐멸ᄒᆞᆷ이인군아죽으니융의인군이령을ᄂᆡ
려ᄅᆞᆯ오ᄃᆡ갑나라신하ㅣ항복지아니ᄒᆞ고스스로죽ᄂᆞᆫ쟈잇시면그쳐ᄌᆞ를베이리라ᄒᆞᆫᄃᆡ갑나라장슈구
ᄌᆞㅣ스스로죽고쟈ᄒᆞ더니좌우ㅣ구원ᄒᆞ야죽지아니ᄒᆞ고집의도라가니아ᄂᆡᄅᆞᆯ오ᄃᆡ나라멸ᄒᆞ고인군
이죽음의그ᄃᆡ엇지사란ᄂᆞ뇨구ᄌᆞㅣᄅᆞᆯ오ᄃᆡ죽고쟈ᄒᆞ더니사ᄅᆞᆷ이구원ᄒᆞᆫ고로사라왓노라ᄒᆞᆫᄃᆡ아ᄂᆡᄅᆞᆯ
오ᄃᆡ뎐의ᄂᆞᆫ구원ᄒᆞ야사라ᄂᆡ나와지금은엇지죽지아니ᄒᆞᄂᆞ뇨구ᄌᆞㅣᄅᆞᆯ오ᄃᆡ죄쳐ᄌᆞ의밋칠가무셔ᄒᆞ
노라ᄒᆞᆫᄃᆡ아ᄂᆡᄅᆞᆯ오ᄃᆡ장슈되야심써싸우지아니ᄒᆞ니충셩치못ᄒᆞᆷ이오인군이죽오되그ᄃᆡ죽지아니ᄒᆞ

니어질지아니홈이오쳐ᄌᆞ를싱각ᄒᆞ야인균의원슈를이지니올치아니호지라쳡이참아그ᄃᆡ로더부러한가지살지아니ᄒᆞ리라ᄒᆞ고스스로목미여죽으니융의인균이어질리녀겨큰소로써제ᄉᆞᄒᆞ고갑국을다시두니라

왕릉의어마니시쟈를ᄃᆡᄒᆞ야칼의업치고 왕릉이한나라를셤김이그어미초나라의잇셔항왕이그어미를가듀고한나라시쟈다려말ᄒᆞ야글오ᄃᆡ릉이오지아니ᄒᆞ면장ᄎᆞ그어미를죽이리라어미시쟈를ᄃᆡᄒᆞ야글오ᄃᆡ가셔우리아달의게말ᄒᆞ되잘한왕을셤기라어마ᄂᆞᆫ족히념려홀게아니라ᄒᆞ고칼의업더져죽으니라

왕경의어마니우숨을먹음어써형벌을한가지ᄒᆞ니라 위나라왕경이인균를셤겨ᄉᆞ마쇼를치다가이기지못ᄒᆞ야쇼ᅵ인균을죽이고경의모ᄌᆞ를져ᄌᆞ의죽이니경이울어글오ᄃᆡᄌᆞ식죄로모친게련루ᄒᆞ니이다어마글오ᄃᆡ네가츙신이되니ᄂᆡ웃고죽겻다ᄒᆞ니라

지쥬ᅵ에움을입음이죠묘발이절의를쌍젼ᄒᆞ고 송나라죠묘발이지쥬통판이되얏더니

원나라군ᄉᆞㅣ셤을에우니묘발이아녀옹시다려열녀ᄀᆞᆯ오ᄃᆡ나ᄂᆞᆫ샹을직히ᄂᆞᆫ신하ㅣ라맛당히이샹려의죽을지니그ᄃᆡ먼져가라아녀ᄀᆞᆯ오ᄃᆡ그ᄃᆡᄂᆞᆫ명관이되고나ᄂᆞᆫ명부ㅣ되니그ᄃᆡᄂᆞᆫ츙신이되니나ᄂᆞᆫ호을이로츙신의아녀되지못ᄒᆞ랴쳡이쳥컨ᄃᆡ먼져죽으리라묘발이근처라ᄒᆞ얏더니원나라군ᄉᆞㅣ셩의들미리부쳐ㅣ관ᄃᆡ를입고ᄏᆞ게궤우의글을써ᄀᆞᆯ오ᄃᆡ나라ᄅᆞᆯ가히비반치못ᄒᆞᆯ새시오셩은가히항복치못ᄒᆞᆯ새라시라부쳐ㅣ한가지죽어절의둘을일원다ᄒᆞ고함셔목ᄆᆡ여죽으니라

금쳔이직힐을이름이황시죵의아녀와ᄯᆞᆯ이한가지죽으니라

명나라셩조의군병이금쳔문의들미건ᄃᆞᆫ황뎨도망ᄒᆞ얏더니시죵황관이먼져나가군병을불으다가나라변을듯고스스로감의ᄲᅢ져죽으니셩조ㅣ황관의아녀옹시와밋ᄯᆞᆯ로써샹노를ᄯᅡᆨᄒᆞ야아녀를삼음인옹시모녀ㅣ통져문하슈의ᄲᅢ져죽으니죽엄이물을거ᄉᆞᆯ녀흘너셩즁쳐계의들고황관의죽엄이ᄯᅩ혼강을좃차셩즁공원압픠이르러세죽엄이함ᄭᅴ모이니사ᄅᆞᆷ이다이샹이알어ᄉᆞ당을공원압픠세우니라

쥬부인

이양양을직혀셩을싸여써진나라도적을물리치고 진나라쥬셔ㅣ양양을직히더니진나라군ᄉᆞㅣ들어도적홈의부인이가즁비쳡을거ᄂᆞ려ᄌᆞᄌᆞ로한편을직히더니셩이장ᄎᆞ문어짐의부인이ᄉᆞᄉᆞ지물을니여안셩을싸어진나라군ᄉᆞ를물리치니라 량뉴인이금산의올나북을쳐써금나라군병을파ᄒᆞ니라 금나라군ᄉᆞㅣ송나라의범ᄒᆞ니한세츙이슈군을거ᄂᆞ려강의싸울시송나라군ᄉᆞㅣ적이물너다거놀량부인이금산의올나ᄉᆞ스로북을쳐장졸을격동ᄒᆞ야크게금병을파ᄒᆞ니라 우부인이ᄌᆞ손을권ᄒᆞ야심써왕ᄉᆞ를부지런이ᄒᆞ고 진나라우담의모친손시소쥰의란을만나담이오흥을직혓더니모친이담을권ᄒᆞᄃᆡ심을다ᄒᆞ야왕ᄉᆞ의부지런이ᄒᆞ고어미늘금으로써ᄂᆡ졍을ᄒᆞ자말라ᄒᆞ고ᄯᅩ손ᄌᆞ초를보ᄂᆡ여아비를도와츙효를심쓰라ᄒᆞ니담이후에공으로써후를봉ᄒᆞ고모친은구십오세예죽으니라 샤부인이사로잡핌을달게알어서

뵈셤을구원ᄒᆞ니라 송나라샹방드이의병을이륵혀 나라를회복ᄒᆞ랴다가이가지못
ᄒᆞ고쥬려죽으니아니리시피ᄒᆞ야산즁의숨어두아
ᄃᆞᆯ을잇그려쵸목을ᄏᆡ여먹더니원나라쟝슈ㅣ리시
ᄅᆞᆯ잡고쟈ᄒᆞ야령을ᄂᆡ려ᄀᆞᆯ오ᄃᆡ리시를잡지못ᄒᆞ면
곳산즁ᄇᆡᆨ셩을죽이리라ᄒᆞᆫᄃᆡ리시ᄀᆞᆯ오ᄃᆡᄂᆡ연고로
써ᄇᆡᆨ셩을샹ᄒᆞ옴이불가ᄒᆞ다ᄒᆞ고이예옥의나아가그
가쟝의죽음을듯고목ᄆᆡ여죽으니두아ᄃᆞᆯ은면ᄒᆞ니
라
졔환공시츙이문의남이안아가담을넘어써인
의죽고 졔환공이죽음이다섯아ᄃᆞᆯ이셔기를다투와 궁문을닷어잠그고녁ᄃᆞᆯ의장ᄉᆞ처아니ᄒᆞ니
시츙이문밧긔난지라궁녀안아가그인군의신톄드
러남을참아못ᄒᆞ야담을넘어인군겻ᄐᆡ목잘으니라
우문이흰칼날로궁의범ᄒᆞ옴이구ᄋᆞ가살긔를바려써
도적을숫지시니라 슈나라양뎨강도의가ᄆᆡ텬하ㅣ 어지러우니우문화급이비권통ㅣ
으로ᄒᆞ여곰인군을죽이니궁녀ㅣ다흣터저되호을
노궁녀쥬귀ᄋᆞ셔지셔ᄀᆞᆯ오ᄃᆡ쥬샹이날이치워너의

를의복쥬신졔가몃칠이기예이예모역을ᄒᆞᄂᆞ냐ᄒᆞᆫ
ᄃᆡ도적ᄃᆞᆯ이인군을목ᄆᆡ고쟈ᄒᆞ거ᄂᆞᆯ귀ᄋᆞ가몸으로
가리우니먼져귀ᄋᆞ를죽인후에인군을죽이니라 로의보ㅣ아달로써션공의
아달을ᄃᆡ신ᄒᆞᆫ고 로나라효공칭은무공의적은아달이오의공의동싱이라형의아달ᄇᆡᆨ
어ㅣ의공을죽이고스스로셔고ᄯᅩ효공을죽이고쟈ᄒᆞ니공의보모장시졔아달로써공의옷슬닙펴평상
의뉘엿더니ᄇᆡᆨ어ㅣ죽여거ᄂᆞᆯ보모ㅣ이예효공을안고외삼촌집의숨엇더니장셩홈이외삼촌과밋보모
ㅣ션왕의게들리니왕이ᄇᆡᆨ어를죽이고효공을셰워보모를이름ᄒᆞ야효의보라ᄒᆞ다 위졀유ㅣ
몸으로써어린인군의몸을가리우니라 진나라ㅣ위나라를멸홈
의위왕을죽이고모든공ᄌᆞ를다죽이니유모ㅣ적은공ᄌᆞ를산즁의숨겨더니진왕이령ᄒᆞ야ᄀᆞᆯ오ᄃᆡ공ᄌᆞ
를잡어드리ᄂᆞᆫ쟈잇시면천금을쥬고숨가ᄂᆞᆫ쟈ᄂᆞᆫ그겨레를베이리라ᄒᆞᆫᄃᆡ위나라신하잇셔유모다려일
너ᄀᆞᆯ오ᄃᆡ엇지ᄃᆡ리지아니ᄒᆞᄂᆞ뇨천금을가히엇으리라ᄒᆞᆫᄃᆡ유모ㅣ좃지아니ᄒᆞ니그신하ㅣ진왕ᄭᅴ고

ᄒᆞᆫᄃᆡ왕이군ᄉᆞ를명ᄒᆞ야ᄯᅩᄎᆞ공ᄌᆞ를ᄡᅩ니유모ㅣ몸
으로공ᄌᆞ를가리와함ᄭᅴ죽으니호를글오ᄃᆡ졀유모
라ᄒᆞ나라손긔ᄂᆞᆫ종이로ᄃᆡ물가의포복ᄒᆞ야츙신의어린
아달을안보ᄒᆞ고진우량이퉤평고을을파ᄒᆞ고쟝슈화운을죽이니아녀고시졀의녜죽
은지라비ᄌᆞ손시그셰살된ᄋᆞ희를안어물가의급푸
려딩겨련실을키여그ᄋᆞ희를먹이더니뢰로란쟈ㅣ
잇셔잇글어금릉의드려가명퇴조를보고일을말ᄒᆞ
야다ᄒᆞ고문득뵈이지아니ᄒᆞ니그아달을봉ᄒᆞ야동
구후를삼고어름을화위라ᄒᆞ고손시를
봉ᄒᆞ야부인을삼으니위어미로셤기다모셕은기셩
이로ᄃᆡ몸이칼과독긔를달게ᄒᆞ야반ᄃᆞᆺ쟝슈를위ᄒᆞ
야노릐ᄒᆞᆷ을붓그려ᄒᆞ니라모셕은회셩의기싱이라송나라리젼아금나라
의항복ᄒᆞ야회셩을침이회쟝슈ㅣ항복ᄒᆞ니젼이손
을잔치ᄒᆞᆯᄉᆡ셕셕을불너노릐ᄒᆞ고쟈ᄒᆞ야ᄌᆞ조불은
뒤예이르러머리를슈겨노릐치아니ᄒᆞ니쟝슈ㅣ글
오ᄃᆡ네노릐치아니ᄒᆞᆷ은엇지오셕셕이글오ᄃᆡ죠뎡

이즁ᄒᆞᆫ병권으로네게븟쳐ᄂᆞᆫ듸일죠의도적의협복
ᄒᆞ니녀도ᄯᅩᄒᆞᆫ도적이라ᄒᆡ비록기심이나여지도적
을뮈ᄒᆞ야노리를ᄒᆞ라오ᄒᆞᆫ듸쟝슈ㅣ노ᄒᆞ야쥭이니라

류죵관의어미아달을사랑치아니홈이아니로ᄃᆡ군령을가히범치못ᄒᆞᆯ쥴을알고

남당류인쳠이슈쥬를직힘이쥬나라균ᄉᆞㅣ슈
쥬를치니아달죵간이쥬나라균ᄉᆞ를겁칙고쟈
ᄒᆞ야아비게끄치아니ᄒᆞ고크게꾀ᄒᆞ야도라온ᄃᆡ아
비그령을어겁으로베이고자ᄒᆞᆫᄃᆡ제쟝이권ᄒᆞ되듯
지아니ᄒᆞ니여러부인재그구원ᄒᆞ기를쳥ᄒᆞᆫᄃᆡ부
인어ᄅᆞᆫ오ᄃᆡ쳡이아달사랑치아니홈이아니로ᄃᆡ군
령을엇지ᄒᆞ리오부인의가히권ᄒᆞ야면홀바ㅣ아니러
ᄒᆞ고문을닷고나지아니ᄒᆞ니맛참ᄂᆡ그아달을베이니라

장시의어미집을안보치아니홈이아니로ᄃᆡ완셩이함ᄭᅴ면ᄒᆞ긔를원ᄒᆞ니라

왕건봉은면ᄉᆡᆼ쟝슈쟝시의버금쟝슈라일즉죄를
범ᄒᆞ야베이기예당홈의쟝시어미쟝슈ᄭᅴ쳥ᄒᆞᆫ젹을
인ᄒᆞ야노와도망ᄒᆞ야남당의드러가니라후예ᄃᆡ쟝

아되야건쟈를셔셩이장ᄎᆞ황복ᄒᆞᆷ이권봉이령ᄉᆞ활
살로쟝시어미뭇의ᄯᅩ쟉ᄅᆞ오ᄃᆡ쥬쟝이셤을파ᄒᆞᆷ이활
이활살을ᄯᅩ진쟈ᄂᆞᆫ면ᄒᆞ리니쟝모의젼ᄋᆞᆯ은혜를갑
노라ᄒᆞ니쟝시모친이그활살을도라보내고ᄅᆞ오ᄃᆡ
왼셩즁이다쥭ᄭᅩ뇌집만ᄒᆞ을로살믈원치아니이다
ᄒᆞᆫ다ᄒᆞ니건봉아올히녀겨ᄒᆞᆫ셩이다면ᄒᆞ니라

녀인멸힝의졍진ᄒᆞᆷ이오ᄉᆞ당벼리의표표ᄒᆞᆷ이라그츙
간파의담이쪽히뵈셰를풍동ᄒᆞ고강샹을셥친나쟈
ㅣ로다

慈愛篇第六

任恤睦婣根於孝友 孝友睦婣任恤謂之六行任者受託而任人撫育贍養之事也恤者矜憐鰥寡孤獨而周恤之也睦者和順著於家庭宗族之間婣者恩義及於親戚鄰里之際大抵此四者之德行皆根於孝友二字而來孝則敬親不敢慢於人愛親不敢惡於人老吾老以及人之老矣友則愛於兄弟和於妻子敬於長

上矜於孤幼幼吾幼以及人之幼矣慈惠和讓本於寬仁寬則無不恕仁則無不愛恕則和讓
生焉愛則慈惠生焉故曰寬仁者慈惠和讓之本也是故螽斯緝羽頌太姒之仁螽音
中○詩曰螽斯羽緝緝兮宜爾子孫蟄蟄兮言后妃仁厚子孫衆多不分嫡庶而均愛如一如螽斯一生九十九子
而和緝一也銀鹿繞床紀恭穆之德吳越文穆王錢元瓘妃馬氏無子請於王父武肅王
繆論文穆納妾武肅曰延吾世祚者汝也後生諸子十五人妃親愛無別置大銀鹿於床小鹿十餘諸子各抱之繞
床戲而士安好學成於叔母之慈晉皇甫士安名謐早喪父母寡嬸撫之初不好學嬸
泣曰吾家世凋零子復不好學何以慰先人之望吾死慙見伯姒於地下矣謐亦感泣遂成大儒號玄晏先生伯
道無兒終獲子綏之報晉鄧攸字伯道夫婦避亂山中負己子與弟子無食力竭勢不兩存
妻曰已子可再生亾叔止一子不可棄也攸乃棄其己子而留姪鄧綏攸後仕元帝而卒無子弟子綏養伯父母僃
極其孝伯父母死俱服喪三年義姑棄子留姪而却齊兵齊侯伐魯見婦人逃難棄幼子

季皆作叔姬母之姬當作盾

而抱大兒以避兵召問之曰人莫不愛小子汝棄小抱大何也對曰小者妾之子大者亾兄之子也妾受亾兄之託而撫其孤逢難而棄之是不仁也故寧棄妾之子齊侯嘆婦人而能知此乃禮義之邦也豈可伐乎乃和而退師

覽妻與姒均役以感朱母晉王祥繼母朱氏冬月思魚祥臥氷以求鯉母嘗以非禮虐使祥母覽子王覽必同兄共服其勞母又虐使祥妻覽妻亦與姒均其辛苦母悟遂俱愛之

趙姬不以公女之貴而廢嫡庶之儀趙姬趙成子衰之妻文公女也初衰同文公奔狄娶狄女季隗生趙姬母子留於狄晉爲文公以女妻之後生同括嬰趙姬固請衰迎長子盾母子於狄尊季隗爲正嫡而以盾爲嫡子自居庶妾之位

衞宗不以君母之尊而先夫人之禮衞嗣君之母庶妾也夫人無子而妾子立夫人欲避居於別宮公母曰嫡庶之道不可廢也豈其子故而廢事小君之禮令主母國欲別居是因妾故逐嫡母而犯大倫耶乃欲自殺嫡懼而從之仍居正室而慈愛愈加子母事嫡而孝敬益厚衞人義之號爲衞宗二順

莊姜戴媯爲淑惠見於國風莊姜齊夫人其庶陳氏戴媯子死歸陳莊

姜不忍其去作燕燕之詩有瞻望弗及涕泣如雨之情嫡庶之愛如此 京陵東海雍睦著乎世範 晉王渾妻京陵鍾氏弟澄妻東海郝氏皆和順雍穆治家有禮臣庶之家遵以爲法 是皆秉仁慈之懿敦博愛之風和氣萃於家庭德教化於邦國者也不亦可法歟

ᄌᆞ인편뎨륙 인ᄌᆞᄒᆞ고사랑ᄒᆞᄂᆞᆫ편이라

ᄆᆡᆺ부교구휼ᄒᆞ며동셩화목ᄒᆞ고이셩화목ᄒᆞᆷ은효도와우ᄋᆡ예ᄲᅮ리ᄒᆞ고ᄌᆞ인ᄒᆞ고은혜로오며온화ᄒᆞ고ᄉᆞ양ᄒᆞᆷ은너그럽고어진ᄃᆡ근본ᄒᆞᄂᆞᆫ지라이런고로죵ᄉᆞㅣ깃슬뫼옴은티ᄉᆞ의어짐을말ᄒᆞ고 죵ᄉᆞᄂᆞᆫ뫼ᄯᅩ가니칙기만ᄒᆞᆫ벌에라쥬나라문왕의후비티ᄉᆞ의덕이두텁고ᄌᆞ손이만ᄒᆞ야뫼ᄯᅩ기게비ᄒᆞ니라 은ᄉᆞ심

이평상의두룸은공목의덕을긔록ᄒᆞ니라 오월나라 문목왕션원판의후비마시아달이업셔왕의아바니무슉왕의게청ᄒᆞ야문목다려쳡을엇으라ᄒᆞ니무슉왕이ᄀᆞᆯ오ᄃᆡ우리복조를질게ᄒᆞᆯ쟈ᄂᆞᆫ내라ᄒᆞ더니후예모든아ᄃᆞᆯ열다셧ᄉᆞᆯ나ᄒᆞ니후비친이ᄒᆞᆷ을분별업시ᄒᆞ야ᄀᆞㅍ젹은은사심십여지를평상의두어모든아달로안어평상을둘너희롱ᄒᆞ니라

ᄉᆞ안이학문을조와홈이슉모의사랑홈이일위효 진나라황보ᄉᆞ안의이름은밀이니일즉부모를이름의과슉모ㅣ사랑ᄒᆞᄂᆞᆫ지라쳐엄의학을조와아니ᄒᆞ니슉모ㅣ울어ᄀᆞᆯ오ᄃᆡ너집어쇠잔홈이내ᄯᅩ학을조와아니ᄒᆞ니엇지션인을위로ᄒᆞ며ᄂᆡ죡어엿지너의모친을디하의보리오말의감동ᄒᆞ야올어듸되여큰션비를일워니라

빌도ㅣ아달이업심이맛참ᄂᆡ족하유의갑품을엇으니라 진나라등유의ᄌᆞᄂᆞᆫ빅도ㅣ니부부ㅣ란리를만나산의피홀시아달파족하를업고먹을게엽셔심어다ᄒᆞ야둘다살릴길이업ᄂᆞᆫ지라아ᄂᆡᄅᆞᆯ오ᄃᆡ나ᄂᆞᆫ가히다서

아달을나으려니와슈은시슈은라만한아달이니바 리지못홀지라ᄒᆞ고아달을바라고족하를길녀더니
벽도ㅣ맛참나/사달이업고조하유ㅣ 효도로길으고복상변을입으니라 의고눈아달을
바리고족하를두어졔나라군ᄉᆞ를물리치고 졔나라 인군이라
로나라를칠새북안이란을피홈애어린아달을바라 고큰ᄋᆞ희안음을보고불너무려골오디사룸이젹은
아달을사랑ᄒᆞ야니홈이업건마는네젹은이를바리 고큰이를안으니엇자뇨뒤ᄒᆞ야골오디젹은쟈눈첩
의아달이오큰쟈눈형의아달이라첩이죡은형의부 탁을밧어시니란을만나바리면불인홈이라ᄒᆞ니졔
왕이탄식ᄒᆞ야골오디례의나라라가히치 지못홀지라ᄒᆞ고파쳔ᄒᆞ고도라가니라 왕람의아
ᄂᆡ눈왕상의쳐로더부러역ᄉᆞ를고로ᄒᆞ야써쥬모를
감동ᄒᆞ니라 진나라왕상의계모쥬시사나와일죽비 례로상을시긘뒤계모아달람이상파한
가지로슈고롬을ᄒᆞ고계모ㅣ또상의아ᄂᆡ를사납게 부린뒤람의아ᄂᆡ또훈상의쳐로더부러피롬을한가

지ᄒᆞ니개모셰달어곤치니라 죠긔ᄂᆞᆫ공의ᄯᆞᆯ귀홈으로써덕셔의법을폐치아니ᄒᆞ쇼 죠긔ᄂᆞᆫ죠최의아ᄂᆡ오진문공의ᄯᆞᆯ아라쳐엄의죠최덕나라의도망ᄒᆞ야덕의ᄯᆞᆯ숙외를아ᄂᆡᄒᆞ야아ᄃᆞᆯ둔을나셔모ᄌᆞ를덕의두엿더니진나라의들어경이되미문공이ᄯᆞᆯ로안ᄂᆡ삼어쥬어아ᄃᆞᆯ동파팔파영을낫더니죠긔구지죠쳐의게쳥ᄒᆞ야장ᄌᆞ둔의모ᄌᆞ를덕의마져숙외를놉펴졍덕을삼고둔으로덕ᄌᆞ를삼고ᄉᆞ스로셔쳡위예거ᄒᆞ니라 위종은군모의놉품으로써부인례를일치아니ᄒᆞ니라 위나라연군의모친은셔쳡이라부인이아ᄃᆞᆯ이업서쳡ᄌᆞ셤의부인이피ᄒᆞ야별궁의거ᄒᆞ고쟈ᄒᆞ니군의모친이글오ᄃᆡ덕셔의도ᄂᆞᆫ가히폐치못ᄒᆞᆯ지니엇지아ᄃᆞᆯ의연고로쇼군셤기ᄂᆞᆫ례를폐ᄒᆞ리오이제쥬모ㅣ별궁의거ᄒᆞᆯ진된이ᄂᆞᆫ쳡이뎍모를방쵹ᄒᆞ야큰륜긔를범홈이라ᄒᆞ고쵹고쟈ᄒᆞ되부인이두려워ᄒᆞ야졍실의거ᄒᆞ야사랑홈이더욱심ᄒᆞ니위나라사ᄅᆞᆷ이위종이슌이라이르더라 장강따되규의착효ᄒᆞᆫ혜녹

풍의나타나고 장강은졔나라부인이니그셔첩진시뒤규아달이죽음의진나라의도라갈시장강이연연글을지어잇지못홈을말ᄒᆞ니라 경릉파동희의화목홈이셰샹법의나타나니라 진나라왕혼의아ᄂᆡᄂᆞᆫ경릉죵시오아우징의아ᄂᆡᄂᆞᆫ동희학시니다화목ᄒᆞ야집다시림이례법이잇ᄂᆞ니라 이다어질고사랑ᄒᆞ야아름다옴을잡고널리사랑ᄒᆞᆫ바람을도타히ᄒᆞ야화긔가뎡의뫼이고덕교ㅣ나라의황ᄒᆞᆫ자ㅣ니또ᄒᆞᆫ가히법밧지아니ᄒᆞ랴

秉禮篇第七

德貌言工婦之四行 孝慈貞淑爲婦之德端莊靜雅謂之婦容溫柔和婉謂之婦言勤勞恭愼謂之婦工此四者婦道之常經女子之正義也 禮義廉恥國之四維 維綱也傳曰四維不張國

乃滅亡言國無此四者紀綱不振臣民無法亂亡之道也人而無禮胡不遄死言禮之不可失也詩曰相鼠有體人而無禮胡不遄死言禽獸之不若也是故文伯之母不踰門而見康子公父文伯之母季康子之叔祖母也年已七十矣康子往見母立中門之內設帨於門康子拜於門外隔帨而相與言其守禮如此齊華夫人不易駟而從孝公華音化○齊孝公夫人衛華氏女乘安車從孝公遊車奔而輪傾帷裂姬命婢牽帷以障公使駟馬車載姬姬辭曰車無帷非禮也車敝而露處亦非禮也無禮而生不如守禮而死遂欲自經侍女救之不得安車至而始蘇其守禮如此孟子欲出妻母責以非禮孟子入室見妻方暑而袒孟子不悅欲出妻妻曰婦人私室不修容儀見夫不行客禮今夫子以客禮責妾妾當出矣母責之曰禮將上堂聲必揚所以戒人也將入戶視必下恐見人過也今子不知禮而以禮責人不亦過乎孟子謝罪遂留其婦申人欲娶婦女恥其無儀申人娶妻六禮不備欲苟合以成婚女不肯從申人乃訟之於獄女以其非禮相配死不聽命乃作行露之詩以自

頃當作莊

誓

頃公弔杞梁之妻必造廬以成禮晉伐齊齊將杞梁戰死妻載其喪歸遇齊

頃公公欲弔之於野妻曰君若以夫有罪妻請戮於司寇若哀矜而賜之弔則有先人之敝廬在焉公從之喪歸而親往弔之成禮而後葬葬畢妻乃痛哭而死城爲之崩

瀨女哀子胥之餓寧投溪而滅踪楚伍子胥逃難過溧水見浣紗之女携食筐子胥曰吾三日不食夫人盍矜憐而賜餐女乃跪授胥食已告曰追者至夫人幸勿言女許諾胥言之再三女笑曰吾三十養母而不嫁豈與人言者乎吾以女而授男餐非禮也已許諾而囑之再三是疑我不信不信而無禮不可以生乃投水而死子胥救之不及及入吳破楚歸乃投千金於水以報其女

羊子懷金妻孥譏其不義樂羊子拾遺金於道懷歸示妻妻曰吾聞志士不飲盜泉之水賢者不受嗟來之食子何戀非禮之金而甘爲不義乎答曰金無主者妻曰金無主者心無主者乎樂羊子慚乃俟於道而還其人

齊人乞墦妾婦泣其無良齊人有一妻一妾每出必醉飽而歸問其與飲食者盡富貴之家妻疑其日從貴人飲而無顯者來乃密尾夫行則見其出郭而往墦塚之間乞祭

者之餘不一而足妻恥之歸告其妾曰良人者所仰望而終身也今若此乃與其妾訕其良人而相泣於中庭齊人不知由施施自得歸而驕誑其妻妾也

宋伯姬保傅不具不下堂寧焚烈燄

宋共公夫人伯姬魯宣公女也公卒弟元公立至景公時值宮中火左右請夫人避火伯姬曰婦人之義保傅不具夜不下堂保母至曰夫人避火伯姬曰傅母未至也豈可以亂而失禮火勢既逼宮人奔救伯姬終不下堂而焚死年已六十矣

楚貞姜符節不來不應召旨沒狂瀾

楚昭王夫人貞姜從王出遊留姜於漸臺之上與之約相召必以符及江水暴至王使召夫人而忘取符夫人不行使者曰水大至還取符恐不及夫人速行夫人曰符所以明信信所以制禮無禮而生不如守禮而死使者還取符則水高臺沒夫人死矣昭王哀之諡曰貞姜

是皆動必合義居必中度勉夫子以匡其失守己身以善其道秉禮而行至死不變者洵可法也

병례편뎨칠 례를잡은편이라

덕과열녀와말과녀공은부인의네가지힝실이오례와의와쳥렴과북그럼은나라의네가지벼리라사룸이례업시면엇지ᄡᅥᄲᅡᆯ리죽지아니ᄒᆞ리오ᄒᆞ니례를가히일치못ᄒᆞᆷ을말ᄒᆞᆷ이라이런고로문빅의모친은문을넘지아니ᄒᆞ야강ᄌᆞ를보고 공보문빅의모친은계강ᄌᆞ의슉조모라나히칠십의강ᄌᆞㅣ가봄의슉조모ㅣ죵문안의셔슈편을베풀고강ᄌᆞㅣ문밧긔셔졀ᄒᆞᆷ의슈건을지음쳐셔로말ᄒᆞ니그례직힘이이갓더라 졔나라화부인은ᄉᆞ마를박구지아니ᄒᆞ야효공을좃치니라 졔나라효공의부인은위나라화시의ᄯᆞᆯ이라슈리를타고효공을좃초놀더니슈리지우러져장막이ᄲᅥ여지거놀부인이[illegible]명ᄒᆞ야장막을잇그러가뤼니공여ᄉᆞ마슈리로[illegible]부인을실으라ᄒᆞᆫ더부인이ᄉᆞ양ᄒᆞ야글오ᄃᆡ슈리예장막이업시니례아니오슈리ᄯᅥ러져

드러나게쳐ᄒᆞ면례아니라례업시살므론례를직혀죽음만갓지못ᄒᆞ다ᄒᆞ고스스로목잘으고쟈ᄒᆞ니서녀ㅣ구원치못ᄒᆞ얏더니말은슈리어르러비로소셔여나니라

밍ᄌᆞㅣ아ᄂᆡᄅᆞᆯᄂᆡ치ᄭᅩ쟝ᄒᆞ거시ᄂᆞᆯ어마니례아님으로써ᄎᆡᆨᄒᆞ시고ㅣ밍ᄌᆞ방의들미아ᄂᆡ더위를당ᄒᆞ야옷엇ᄆᆡᆷ을보시고셩ᄂᆡ여ᄂᆡ치고쟈ᄒᆞᆫᄃᆡ야ᄂᆡ를오ᄃᆡ부인은ᄉᆞ쳐의용의를슈칙지아니ᄒᆞ고가쟝올봄이긔례를힝치아니ᄒᆞ거ᄂᆞᆯ이졔부ᄌᆞㅣ긔례로쎠쳡을ᄭᅮ지시니쳡이맛당히가리이다어마니ᄭᅮ지셔ᄀᆞᆯ오ᄃᆡ례예쟝ᄎᆞᆺ당의오름의소릐를반다시들침은사ᄅᆞᆷ을경계ᄒᆞᄂᆞᆫ바오쟝ᄎᆞᆺ문의들미반다시아릐를봄은사ᄅᆞᆷ의과실을볼가저허ᄒᆞᆷ이라이제비례를아지못ᄒᆞ고례로써남을ᄭᅮ지시니ᄯᅩᄒᆞᆫ파치아니ᄒᆞ나밍ᄌᆞㅣ죄ᄅᆞᆯ샤례ᄒᆞ고그아ᄂᆡᄅᆞᆯ머무니라

신당사ᄅᆞᆷ이아ᄂᆡᄅᆞᆯ엇고쟈ᄒᆞᆷ이녀인이그례의갓초지못ᄒᆞᆷ을븟그려이녀기니라신당사ᄅᆞᆷ이아ᄂᆡᄅᆞᆯ취코쟈ᄒᆞ되륙례를갓초지아니ᄒᆞ고구챠이혼인코쟈ᄒᆞᆫᄃᆡ녀인

이ᄌᆞᆺ지아니ᄒᆞ니신ᄉᆡᆼ사ᄅᆞᆷ이옹ᄉᆞᄒᆞ거ᄂᆞᆯ녀ᄌᆡ언이글
오ᄃᆡ례아님으로셔로ᄧᅡᆨᄒᆞ면죽어도ᄃᆞᆺ지아니ᄒᆞ리
라ᄒᆞ고힝로시
를지으니라 장공이괴량의아ᄂᆡ를됴상홈이반다
시집의가셔례졀를닐외고 제나라ㅣ제나라를치니제
나라장슈괴량이ᄊᆞ와죽거
ᄂᆞᆯ아ᄂᆡ그상여를셜고도라가다가제장공을만나공
이들와셔됴상코쟈ᄒᆞ거ᄂᆞᆯ아ᄂᆡ글오ᄃᆡ인군이만일
됴상코쟈ᄒᆞᆯ진ᄃᆡ션인의집이잇ᄂᆞ니이다공이ᄌᆞᆺ차
상여도라감위공이집의가됴상ᄒᆞ야례를일위니라
긔녀ㅣᄌᆞ셔의쥬림을슬퍼ᄒᆞ야찰아리싀ᄂᆡ예던져
자최를멸ᄒᆞ니라 초나라오ᄌᆞ셔ㅣ란을도망ᄒᆞ야률
슈의지ᄂᆡ다가비단ᄲᅡ눈녀ᄌᆞ밥광
우리가짐을보고ᄌᆞ셔ㅣ글오ᄃᆡᄂᆡ삼일을먹지못ᄒᆞ
ᄂᆡ부인이엇지블샹어녀겨밥을쥬지아니ᄒᆞᄂᆞ뇨녀
ᄌᆞㅣ에ᄭᅮᆯ어밥을쥬어먹은후에고ᄒᆞ야글오ᄃᆡᄌᆞᆺ
눈자이르거든부인이말ᄒᆞ지말라녀ᄌᆞㅣ허낙ᄒᆞ니
ᄌᆞ셔ㅣ두세번말ᄒᆞ거ᄂᆞᆯ녀ᄌᆞㅣ우셔글오ᄃᆡ나허삼
십의모친을봉양ᄒᆞ고시집가지아니ᄒᆞ얏시니엇지

사ᄅᆞᆷ으로더부러말ᄒᆞ리오ᄒᆞ고이예물의던져죽양
으니후에ᄌᆞ셔ㅣ천금으로물의던져갑푸니라
ᄌᆞㅣ금을품음이아ᄂᆡ의아님을그ᄅᆞᆺᄒᆞ고악양ᄌᆞㅣ
금을길의
셔쥬셔도라와아ᄂᆡ를뵈인대ᄀᆞᆯ오대들으니지ᄉᆞᄂᆞᆫ
도젹시암물을마시지아니ᄒᆞ고어진쟈ᄂᆞᆫ차리음식
을밧지아니ᄒᆞᆫ다ᄒᆞ니그대엇지례아닌금을싱각ᄒᆞ
야불의를ᄒᆞᄂᆞ냐악양ᄌᆞㅣ대답ᄒᆞ야ᄀᆞᆯ오대금이쥬
인이업ᄂᆞ니라아ᄂᆡᄀᆞᆯ오대금은쥬인이업시나마음
도쥬인이업시리오악양ᄌᆞㅣ붓그러ᄒᆞ야길의셔금
쥬인을지다려금을도라보ᄂᆡ니라졔나라사ᄅᆞᆷ이오졔예겁식ᄒᆞ니쳐
쳡이긍으젓지아님을울더라졔나라사ᄅᆞᆷ이쳐쳡을
두고마양나가취ᄒᆞ야
도라오거놀그더부러음식ᄒᆞᆫ이를무른대다부귀
ᄒᆞᆫ집이라ᄒᆞ거놀아ᄂᆡ의심ᄒᆞ야이튼날가장감을ᄉᆡ다
러엿본즉동곽무덤ᄉᆡ이예가졔ᄉᆞ음식을빌거놀아
ᄂᆡ도라와쳡으로더부러울더니가장온아지못ᄒᆞ고
도라와그쳐쳡의
게교만ᄒᆞ더라송나라빅긔ᄂᆞᆫ보와부ㅣᄀᆞᆺ초지못

홈으로당의ᄂᆞ리지아니ᄒᆞ고찰아리믈렬ᄒᆞᆫ블입블

살르고 송나라공공의부인빅긔노로나라션공의ᄯᆞᆯ이라공이죽은후에궁즁의불을만남이좌우ㅣ부인ᄭᅦ쳥ᄒᆞ야불을피ᄒᆞ라ᄒᆞᆫ되빅긔글오되부인의의리논보모와부모ㅣ갓초지아니ᄒᆞ면밤의당의ᄂᆡ리지아니ᄒᆞᆫ다ᄒᆞ니라보모와셔피ᄒᆞ기를쳥ᄒᆞᆫ되과글오되부모ㅣ이르지아니ᄒᆞ니엇지환란으로써례를일흐리오불아졈졈급ᄒᆞ니궁연에다흐터지되빅긔논당의ᄂᆡ리지아니ᄒᆞ야타죽으니나히륙십이러라

초나라졍강이부신이오지아니홈이블음을응치아니ᄒᆞ야급ᄒᆞᆫ물결의ᄲᆞ짐을달게너기니라

초나라부인졍강이왕을좃ᄎᆞ나가놀식강을졈되우의두고부신으로써불으기를언약ᄒᆞ엿더니강물이문득이름위왕이샤름으로ᄒᆞ여금부인을불으고부신을이졋더니부인이힝치아니ᄒᆞᆫ되시쟈ㅣ글오되물어크게이르니아다부안이이글오되부신은ᄊᆡ신을발킴이오신은써례를저음이나례업시살미례직혀죽음만갓지못ᄒᆞ

ᄒᆞ다ᄒᆞ고죡으니왕이슬퍼ᄒᆞ야시호를졍강이라ᄒᆞ다 이다움직임이반다시의

예합ᄒᆞ고거ᄒᆞᆷ이반다시법도의마져가장을권ᄒᆞ야

써그과실을발리ᄒᆞ고ᄂᆡ몸을직혀써그도를션힝ᄒᆞ

야례를잡아힝ᄒᆞ야죽기예이르러변치아니ᄒᆞ쟈ㅣ

니진실로가히법밧음직ᄒᆞ니라

智慧篇第八

治安大道固在丈夫 治國安天下固男子之大道而正身齊家之要亦關於婦婦道不可缺也

有智婦人勝於男子 家有智慧之婦匡救夫子之失而應倉卒之變有男子所不可及者

遠大之謀預思而可料倉卒之變泛應而不窮 言古之賢婦每遇事勢之來能思患而預防之已至而能應倉卒之變未至而能淩終身之機皆不可及也

求之閨閫之中

是亦辡幃之傑 言婦女而具智慧之識是亦女中之傑也 是故齊姜醉晉文而命駕卒成霸業 晉文公初爲公子避亂之齊齊桓公妻之以女文公樂而忘返從遊之臣趙衰魏犨等議於桑中欲劫公子歸而圖國桑女聞而奔告齊姜姜殺之以滅口乃飮公子醉亟名趙衰等扶公上車公子醒已離齊境矣乃遍歷楚秦借兵復國以成霸業○犨音酬 有緡娠少康而出竇遂致中興 娠音身○夏寒浞弒夏帝相而簒其位帝妃有緡氏懷娠而匿於墻穴之中得不死逃歸母家而生少康虞君妻以二女有衆五百人乃滅寒浞而中興夏室 顏女識聖人之後必顯喩父擇壻而禱尼丘 孔子父叔梁紇喪妻欲再娶母顏氏之父言於家曰孔叔梁老醜而武勇欲再娶人無妻之者柰何其少女徵在曰吾聞孔氏聖王之裔其後必昌妻之何傷父曰然則以汝妻之可也遂以之嫁叔梁恐其老無子乃禱於尼丘山神而生仲尼焉 陳母知先世之德甚微令子因人以取侯爵 秦末天下大亂陳嬰素有才略衆欲立以爲君母曰汝家先世無大德擧事必不成不若擇主而事事成

亡可封侯不成亡可自免也嬰乃從項梁起兵後歸漢以功封棠邑侯

剪髮留賓知吾兒之志大陶侃少有大志所交之友皆當世之傑有范逵過其家貧無供具母乃剪髮密賣以買饌剉其床草薦以飼其馬逵嘆曰非此母不生此子

隔屏窺客識子友之不凡房玄齡從文中子學諸同門皆一時之傑嘗過齡家母從屏後窺之曰皆卿相之器也吾兒有友如此吾何患乎後房與其友如杜如晦薛元敬等皆仕唐太宗為卿相

楊敞妻促夫出而定策以立一代之君漢昌邑王無道大將軍霍光欲廢之而立宣帝乃往丞相楊敞家議立敞老而懦聞議戰慄而退入室妻促其出曰廢昏立明何等大事而畏縮如此今不出明日議成而族滅矣敞乃出定策而立宣帝以功封平通侯

周顗母因客至而當庖能具百人之食晉吏部尚書周顗字伯仁母李氏名絡秀田家女也父安東將軍周浚嘗因獵遇雨避於李氏李出而母病女獨與一婢一僕殺豬為饌具百人之食而極其豐腆浚聞而嘆曰賢哉女也因求為妾父初猶未許女曰吾家戶大而世微族之者衆不結納貴人何以保家父遂允之而生伯仁

晏御揚揚妻恥之而令夫致貴晏子爲齊相御車者御晏子而過己門揚揚有自得之意其妻恥之御者歸而其妻請去夫問其故妻曰晏子身不五尺而爲齊相吾見其恭謙敬慎而常若不足子今七尺之身而甘爲之御過里門而揚揚自得其意若此非吾夫也御者謝其妻而深自刻責學道謙恭常若不足晏子怪而問之御者以告晏子嘉其納善自改聞齊景公以爲大夫妻爲命婦

甯歌浩浩姬識之而喻相尊賢齊桓公出遊見甯戚叩牛角而歌知其賢者也使相管仲迎之戚曰浩浩乎白水管仲不喻其意五日不朝而有憂色妾婧請問其故仲語之婧笑曰人已明告君君胡不知也古詩曰浩浩白水儵儵之魚君來召我我將安居國家未定從我焉如此甯戚之欲得仕於國也仲大悅以告桓公公齋戒請於祖廟以甯戚爲相而齊大治

徒讀父書知趙括之不可將趙趙奢善用兵死後王以其子趙括爲將以拒秦括母見王曰括不可用也其爲人也徒讀父書而不能用嘗與妾夫論兵强辯而夫不能難夫謂妾曰括不知兵而强辯使之爲將必喪師而辱國也王不聽母曰括如敗請無坐妾罪王許之後括果大敗喪兵四十萬**獨**

聞妾慟識文伯之不好賢魯公父文伯死諸妾哭之甚哀有自經以殉者其母不悅曰吾
子相魯死而賢士大夫弔者俱無戚容而姬妾婢
君此是獨鍾愛於妾婦而簡賢棄禮也其死宜矣樊女笑
楚相之蔽賢終舉賢而安萬乘楚莊王退朝樊姬問曰何晏也王曰與賢相虞丘子
言不覺其日之晏也樊姬笑曰虞丘子賢矣惜不忠也妾
事王十一年而進九女皆賢於妾虞丘相楚十年所進無
非子弟宗族未聞進一賢者也王乃告虞丘子
虞丘乃避舍求賢得孫叔敖爲相而楚國大治漂母哀王
孫而進食後封王以報千金韓信釣魚於淮水而漂絮之母憐其貧嘗飯之信曰吾必
有以報母母曰吾哀王孫而進食豈望報樂羊子能聽妻
乎後信助漢破楚封齊王報母以千金
諫以成名漢樂羊子遊學未久而歸妻問之曰思鄉懷歸耳妻方織乃引刀自斷其機曰積絲成寸積寸
成尺尺寸不已遂成丈匹今吾子學業未成而歸猶寧宸
妾之斷此機而枉費前功也夫感悟復學遂成大儒
濠不用婦言而亡國明寧王宸濠欲反妃婁氏屢諫不可背國王不聽舉兵反爲巡撫王守仁

所執臨死嘆曰紂以用婦言
而亡我以不用婦言而亡

陶答子妻畏夫之富盛而避禍乃保幼以養姑

古齊陶答子治陶而貧及歸而富十倍宗
戚賀於堂妻獨抱幼子而泣曰德薄而
位大是謂嬰害無功而家昌是謂積殃姑怒其不祥遂逐
之獨與少子居後答子竟爲盜所殺盡劫其財母老獨免
婦乃與少子歸養其姑

周才美婦懼翁之橫肆而辭榮獨全身以免子

明周才美爲太守而其父暴橫於鄉其妻處家恒不樂
翁問之答曰夫已貴家不憂不富而翁聚斂不休禍不
遠矣翁悟乃改行爲善其子雙目失明而免官翁以善之
無報也乃復爲惡子目忽明仍起爲郡守闔家之任婦不
從獨攜少子居翁姑夫與妾及子幷幹僕
俱覆於江中無一免者獨妻與幼子存焉

漆室處女不績其麻而憂魯國

魯漆室處女不績麻而嘆息鄰婦問曰汝
何悲乎追憂未嫁耶女曰非也吾憂魯君
老而太子幼也鄰婦笑曰此國家事女子何預女曰不然
昔晉客舍吾家馬逸而踐吾園葵吾終歲不食葵鄰女奔
鄰人倩吾兄追之渡河水漲而兄死終身無兄今魯君老
而子幼爭端起而禍亂將作兵起郊野殃及庶人吾鄉里

其能免乎後魯果大亂人民屠戮多死于兵

巴家寡婦能捐已産而保鄉民秦築長城巴蜀一郡當役萬人有寡婦名清者上書願傾家財募人築附近邊城以免萬人之役乃盡出資帛百餘萬築邊城數百里不費官錢而民皆不離鄉里又得王役之資而爭效其力不數月而城已完因始皇嘉之築懷清之臺以旌其功焉 凡此皆女子之嘉猷婦人之明識誠可謂知人免難保家國而助夫子者歟

지혜편뎨팔 지혜를말ᄒᆞᆫ편이라

다시리고편안히ᄒᆞᄂᆞᆫ큰도ᄂᆞᆫ진실로장부의게잇거니와지혜잇ᄂᆞᆫ부인은남ᄌᆞ보다나으니언ᄃᆡᄒᆞᆫ계칙을미리싱각ᄒᆞ야가히세아리고창졸의변을널리응ᄒᆞ야무궁ᄒᆞ니규문가온ᄃᆡ구권된ᄯᅩᄒᆞᆫ녀ᄌᆞᆼ호걸이

라이런고로졔강이진문을취케ᄒᆞ야슈리를명ᄒᆞ야
맛참내파업을일우고 진문공이처엄의공ᄌᆞ되야란 을피ᄒᆞ야제나라의가니환공
이ᄯᆞᆯ로써아내를삼온대문공이질거ᄒᆞ야도라갈을 잇거놀조ᄎᆞ노ᄂᆞᆫ신하조최와위쥬등이ᄲᅩᆼ남우가온
ᄃᆡ의론ᄒᆞ야문공을겁칙ᄒᆞ야도라와나라를도모코 쟈ᄒᆞ거놀ᄲᅩᆼ키ᄂᆞᆫ녀인이듯고졔강의게고ᄒᆞ니졔강
이녀인을죽이고문공을술마시여취ᄒᆞᆷ의빨리조최 등을불너문공을붓잡아슈리예올녀더니문공이셔
뎌졔나라디경의ᄂᆞᆫ지라나 라의도라와파업을일위니라 유민이쇼강을뷔여담
구무에나가죵흥을일위니라 하나라한착이하나라 인군을죽이고위를아라
스녁후비유민시ᄌᆞ식ᄇᆡᆷ이잇셔담구무로도망ᄒᆞ야 어미집의도라가쇼강을낫더니우나라인군이두ᄯᆞᆯ
노써아내삼으니군ᄉᆞ오ᄇᆡᆨ인어엿ᄂᆞᆫ지라 라한착을멸ᄒᆞ고하나라를흥ᄒᆞ니라 안지의ᄯᆞᆯ이
셩인의ᄌᆞ손이반다시나타날쥴을알고부친께말ᄒᆞ

야사회를가리고니구산의빌고 공ᄌᆞ의부친숙량흘이상쳐ᄒᆞ고ᄌᆡ취코

쟈ᄒᆞ더니안시의부친이집의말ᄒᆞ야ᄀᆞᆯ오ᄃᆡ공숙량이늙거츄ᄒᆞ고용밍ᄒᆞ야ᄌᆡ취코쟈ᄒᆞ되사ᄅᆞᆷ이아니

쥬지아니ᄒᆞ니엇지ᄒᆞᆯ고그젹은ᄯᆞᆯ징지ᄀᆞᆯ오ᄃᆡ네들으니공시는셩왕의후ㅣ니반다시창셩ᄒᆞᆯ지라아니

줌이엇지ᄒᆡᄒᆞ리오부친이ᄀᆞᆯ오ᄃᆡ그러ᄒᆞᆫ즉너로써아니홈이가ᄒᆞ다ᄒᆞ고듸뎌여시집보내니그가쟝이

늘거아달못둘가ᄒᆞ야니구산의비러공ᄌᆞ를나시니라 진영의어미션셰여덕이

심히젹음을알고아달로ᄒᆞ여곰사ᄅᆞᆷ올인ᄒᆞ야후작

을츄ᄒᆞ니라 진나라말셰예텬하어지러온위진영이근본지략이잇ᄂᆞᆫ지라사ᄅᆞᆷ이셰워인군

을삼고쟈ᄒᆞᆫ대어미ᄀᆞᆯ오ᄃᆡ네집이션셰예큰덕이업시니일을반다시일위지못ᄒᆞ리라ᄒᆞᆫ대영이좃ᄎᆞ니

예한나라의도리가공으로써후를봉ᄒᆞ니라 털역을갈겨숑을머무르니우

링ᄋᆞ희ᄃᆞᆺ큼을알고 진나라도간이졀머셔큰ᄯᅳᆺ이잇셔사권바벗시다당셰의호걸이

라범규ㅣ그집의지녀미간난ᄒᆞ야장만홈이업시니어미이예털억을갈겨팔어반찬을사되졉ᄒᆞ니규ㅣ탄식ᄒᆞ야ᄀᆞᆯ오ᄃᆡ이어미아니면이아달을나치못ᄒᆞ리라ᄒᆞ더라 병풍의의지ᄒᆞ야손을엿보니아달의벗시범인아님을아니라 당나라방현령이문죵ᄌᆞ를좃ᄎᆞ비우니동뮨인이다당셰영걸어라알족현령의집의지녀니어미병풍뒤로엿보와ᄀᆞᆯ오ᄃᆡ다경샹의그릇시라우희이갓튼벗시잇시니엇지근심ᄒᆞ리오후에벗두여회와셜원경등으로더부러다당ᄐᆡ종을셤겨경샹이되니라 양창의아ᄂᆡ가장을지촉ᄒᆞ야나가셰를뎡ᄒᆞ야일ᄃᆡ인굼을셰우고 한나라창읍왕이도업심의곽광이폐ᄒᆞ고션뎨를셰우고자ᄒᆞ야양창의집의가셰움을의론ᄒᆞᆫᄃᆡ창이놀나거셔겁ᄒᆞ야의론을듯고떨어물너가집의드니아녀그나감을지촉ᄒᆞ야ᄀᆞᆯ오ᄃᆡ어둔이를폐ᄒᆞ고밝근이를셰움어큰일이라이졔나가의론을뎡치아니ᄒᆞ면큰화ㅣ잇시리라ᄒᆞᆫᄃᆡ창이이예나가셰를뎡ᄒᆞ야션뎨를셰워공으로써후를봉ᄒᆞ니라 유의

의어마니솔옴인ᄒᆞ야부역의당ᄒᆞ야능히빅인의먹

음을갓초니라 진나라리부샹셔쥬의여ᄌᆞᄂᆞᆫ빅인이 라모쳔리시의어름은락슈니빗ᄒᆞᄂᆞᆫ

집샬이라쥬의외부쳔안동쟝군쥬쥰이일족산양ᄒᆞ 다가비를만나리시집의피ᄒᆞ더니리시ᄂᆞᆫ나가ᄭᅩ어

미ᄂᆞᆫ병든지라샬어두죵으로더부러돗슬죽여일빅 인의먹음을쟝만ᄒᆞ되극히풍비ᄒᆞ니쥰이둣ᄭᅩ글오

더어진뎌ᄌᆞ여ᄒᆞᄭᅩ인ᄒᆞ야쳡삼음을구ᄒᆞ니아비허 낙지아니ᄒᆞ커ᄂᆞᆯᄯᆞᆯ이글오더니집이한미ᄒᆞ니귀인

올틔리지아니ᄒᆞ면엇지써집을안보ᄒᆞ 리오아리비허낙ᄒᆞ얏더니빅인을낫타 안ᄌᆞ의어거

효쟈ㅣ양양ᄒᆞ거ᄂᆞᆯ아비붓그려ᄒᆞ야가장을로ᄒᆞ여

곰귀ᄒᆞᆷ을일우ᄭᅩ 졔낙라안ᄌᆞㅣ졍승이되미슈리를 어거효쟈ㅣ졔집문압피지너미ᄯᅥᆺ

이양양ᄒᆞ거ᄂᆞᆯ그아너붓그러ᄒᆞ더니어거효쟈ㅣ도 라옴위가키를청ᄒᆞ니가장이그연ᄭᅩ를물은ᄃᆡ아니

릐오ᄃᆡ안ᄌᆞᄂᆞᆫ몸이졔우오쳑이오벼슬이졍승이되 야도공경ᄒᆞ야ᄒᆞᆼ샹불족ᄒᆞᆷ갓ᄭᅩᄌᆞ너ᄂᆞᆫ몸이칠쳑이

로ᄃᆡ슈리어거홈ᄋᆞᆯ달게녀기니너의가쟝이아니라
ᄒᆞ니어거호쟈ㅣ아녀계샤례ᄒᆞ고집피스스로여[illegible]거[illegible]
셔돈를비와공슌ᄒᆞ니안ᄌᆞㅣ피히녀겨무론ᄃᆡ여
ᄒᆞᆫ자ㅣ끄ᄒᆞ디안ᄌᆞㅣ아름다히녀겨경공의게들려
ᄃᆡ써ᄃᆡ부를삼고아
녀를명부를삼다

녕척의노릐호호ᄒᆞ거ᄂᆞᆯ쳡이알

졔환공이나가ᄂᆞᆯ
시녕척이쇠블두들

고졍승을ᄉᆞ기와어진이를놉피니라

드리며노릐홈을보고그어질믈안지라관즁으로ᄒᆞ
여곰마지니쳑이ᄅᆞ오ᄃᆡ호호ᄒᆞ다흰물이여ᄒᆞ거ᄂᆞᆯ
관즁이그ᄯᅳᆺ슬ᄉᆞᆯ치지못ᄒᆞ고닷새를죠회치아니ᄒᆞ
고근심빗치잇거ᄂᆞᆯ쳡이그연고를무른ᄃᆡ즁이여말ᄒᆞ
니쳡이우셔ᄀᆞᆯ오ᄃᆡ사ᄅᆞᆷ이ᄇᆞᆰ게그ᄃᆡ게고ᄒᆞ되그ᄃᆡ
엇지아지못ᄒᆞ시ᄂᆞ뇨녯글에ᄀᆞᆯ오ᄃᆡ호호ᄒᆞᆫ흰물이여ᄃᆡ
됴됴ᄒᆞᆫ고기로다ᄒᆞ야시니그ᄯᅳᆺ이나라의벼슬ᄒᆞ쟈
홈이니어다즁이크게질거ᄒᆞ야환공ᄭᅴ고ᄒᆞ야졍승
을삼으
니라

한갓아비글을일그니죠팔의가히쟝슈삼지

죠나라죠샤ㅣ군ᄉᆞ를잘써더니죽은뒤
예왕이그아ᄃᆞᆯ괄로쟝슈를삼어진나라

몯홈을알고

를막을시팔의어미왕을보와글오ᄃᆡ팔을가히ᄡᅳ재
못ᄒᆞᆯ지니한갓아비글을일코련통을아지못ᄒᆞᆫ지라
쳡의개쟝이열즉말ᄒᆞ되군병은쥭을ᄉᆡᆼ이어놀팔이
슈이말ᄒᆞ니죠나라만알팔을쟝슈ᄒᆞ면군ᄉᆞ를샹ᄒᆞ
고나라를파ᄒᆞ리라ᄒᆞ더니다왕이듯지아니ᄒᆞ
더니팔이크계죠나라군ᄉᆞᄉᆞ십만을픠ᄒᆞ니라ᄒᆞᆷ을
로쳡의셔러ᄒᆞᆷ을들으니문뫼의어진이죠와아니ᄒᆞᆷ
을아니라 로나라공보문뵉이쥭음의모든쳡이울믈 심이슬펴ᄒᆞ야스스로목잘은쟈ㅣ잇거놀
그모친이짓거아니ᄒᆞ야글오ᄃᆡ너아달이로나라의 졍승ᄒᆞ야쥭음의어진ᄉᆞ뒤부됴샹ᄒᆞ야셔러운빗치
업세되괴쳡이어갓치셔러ᄒᆞ니이논쳡만사링ᄒᆞ 고어진이를간만ᄒᆞᆷ여니그쥭음이맛당ᄒᆞ도다 번
녀뇨조나라졍승의어진이가리움을우스니맛참내
어진이를들어만승을편안히ᄒᆞ요 초장왕이죠회를 파ᄒᆞᆷ의번괴믈러
글오ᄃᆡ엇지느진옛고왕이글오ᄃᆡ어진졍승우구ᄌᆞ
로더부러말ᄒᆞᆫ다가날느짐을ᄭᅢ달지못ᄒᆞ엿노라번

긔우셔글오되우구ᄌᆞ어지나츙셩치못홈이악갑도
다쳡이왕을셤긴열한희예아홉계집을쳔거ᄒᆞ니다
쳡보단어질계놀우구ᄌᆞ는졍승호십년의쳔거ᄒᆞᆫ비
ᄌᆞ뎨와종족이아님이업고한어진이쳔거홈을듯지
못ᄒᆞ엿노이다왕이이예우구ᄌᆞ의게고ᄒᆞ니우구ᄌᆞ
ㅣ이예졉을피ᄒᆞ고어진손슉오를구ᄒᆞ야졍승을삼
으니초나라크게다시리니라 **표모ᄂᆞᆫ왕손을표녀겨밥을나슈니**
후에왕을봉홈이쳔금으로갑푸니라 한신이고기를회슈의낙그니
표모ㅣ그쥬림을슬피녀겨밥먹인되신이글오되ᄂᆡ반다시갑품이잇시리라표모ㅣ글오되ᄂᆡ왕손을슬
피녀겨밥을나슈니엇지갑품을바라리오후에신이졔왕을봉홈위쳔금으로갑푸니라 **악양ᄌᆞ**
ᄂᆞᆫ능히아ᄂᆡ간홈을들어써이름을일위고 한나라악양ᄌᆞㅣ노
라비와오리지못ᄒᆞ야도라오거놀아ᄂᆡ무른되글오되ᄌᆞ네를싱각ᄒᆞ야도라왓노라아ᄂᆡ베짜다가칼로
그베를ᄯᅳᆫ어글오되이제학업이일위지못ᄒᆞ고도라옴이이베를ᄯᅳᆫ어젼공부허비홈갓다ᄒᆞ니가장이셔라

달어다시비와큰션ᄇᆡ되니라녕신호ᄂᆞᆫ부인의말을씨지아니ᄒᆞ야
나라를망ᄒᆞ니라명나라녕왕신호반코쟈ᄒᆞ거ᄂᆞᆯ부인루사여러번간ᄒᆞ야나라를반홈
이불가ᄒᆞ다ᄒᆞ되왕이듯지아니ᄒᆞ고균ᄉᆞ를들어반ᄒᆞ다가쇼무왕슈인의잡핀ᄇᆡ되야죽음의다달어탄
식ᄒᆞ야ᄀᆞᆯ오뎌은쥬ᄂᆞᆫ부인의말ᄊᆞᆷ으로망ᄒᆞ더니나ᄂᆞᆫ부인의말씨지아니홈으로망ᄒᆞ엿다ᄒᆞ더라도
답ᄌᆞ의아니ᄂᆞᆫ가장의부ᄒᆞ고셩홈을두려ᄒᆞ야화를
피ᄒᆞ야이예어린아달을안보ᄒᆞ야써시모를봉양ᄒᆞ
고졔나라도답ᄌᆞㅣ도판원이되야탐ᄒᆞ야부홈이십ᄇᆡ나더ᄒᆞ거ᄂᆞᆯ친쳑은하례ᄒᆞ되아뉘ᄂᆞᆫ호을로어
린아달을안고울어ᄀᆞᆯ오ᄃᆡ덕이엷고[illegible]이큼은이이론혀를더홈이오공이업고집이창ᄃᆡ홈은이이론
자망을ᄊᆞᆷ이라ᄒᆞᆫ뒤시모ㅣ그말이길치아님을노ᄒᆞ야보ᄂᆡ거ᄂᆞᆯ호을로젹은아달로더부러살더니후에
답ᄌᆞㅣ맛참ᄂᆡ도젹의죽인ᄇᆡ되야다그재물을겁탈ᄒᆞ되어미ᄂᆞᆯ거호을로면ᄒᆞᆫ지라ᄌᆞ부ㅣ이예젹은아

달로더부러도라와그
지모ᄅᆞᆯ봉양ᄒᆞ니라
츄지미의아ᄂᆞᆫ시부횡ᄒᆞ고
사나옴을두려ᄒᆞ야영화ᄅᆞᆯᄉᆞ양ᄒᆞ고호올로몸을오
로실ᄒᆞ야ᄡᅥ아달을면ᄒᆞ니라
명나라쥬지미의뒤슈되
미그아비고을의포학
ᄒᆞ니그조부ㅣ잡아쳐ᄒᆞ야ᄒᆞᆼ샹질거아니ᄒᆞ거ᄂᆞᆯ시
부ㅣ무른ᄃᆡ ᄃᆡ답ᄒᆞ야ᄀᆞᆯ오ᄃᆡ가장어이믜귀ᄒᆞ니집
어부치못ᄒᆞᆷ을걱정아니ᄒᆞ거시어ᄂᆞᆯ시부탐ᄒᆞ야뫼
임을쉬지아니ᄒᆞ시니화멸지아니ᄒᆞ니이다시부ㅣ
ᄡᅵ달고힝실을고쳐션을ᄒᆞ더니그아달이두눈이어
둡고벼슬을ᄯᅡ직ᄒᆞ니시부ㅣ션이복밧음이업다ᄒᆞ어
야다시약을ᄒᆞ니아달의눈이문득밝고인ᄒᆞ야군슈
되야왼집이임소의가되조부ᄂᆞᆫ좃지아니ᄒᆞ고호을
로젹은아달파거ᄒᆞ더니왼집권속이강의ᄲᅡ져한아
도로면ᄒᆞᆫ아업시되호을로조부와어린아달이환을면
ᄒᆞ니라
칠실쳐녀ᄂᆞᆫ삼을삼지아니ᄒᆞ고로나라ᄅᆞᆯ근심
ᄒᆞ고
로나라칠실쳐녀ㅣ삼을삼치아니ᄒᆞ고탄식ᄒᆞ
거ᄂᆞᆯ이웃부인이무러ᄀᆞᆯ오ᄃᆡ네엇지슬퍼ᄒᆞᄂᆞᆫ

고시집못감을근심ᄒᆞᄂᆞ냐녀ᄌᆞㅣ를오뒤아니가ᄂᆡ
로나라엄군이늙고틔ᄌᆞ어람을근심ᄒᆞ노라부인어
우셔를오뒤애ᄂᆞᆫ나라일이라녀ᄌᆞ엇지간예ᄒᆞ리오
녀ᄌᆞㅣ를오뒤그러치한타젼의진나라손이ᄂᆡ집의
샤판ᄒᆞ야ᄯᆞᆯ이되아우리아욱을발바히가맛도록아
옥을먹지못ᄒᆞ고어웃계집이도망ᄒᆞ야이웃사ᄅᆞᆷ이
ᄂᆡ형을배려ᄎᆞᆺ다가물의ᄲᅡ져쥭어ᄂᆡ몸이맛도록형
이업ᄂᆞᆫ지라이제로나라인군이늙고아달이어리니
다툼이이러나란이쟝ᄎᆞᆺ지을지니군병이이러나지
앙이셔인의밋치면우리마을이능히면ᄒᆞ라ᄒᆞ더니
후에로나라파연크게어지러
사ᄅᆞᆷ이로만이어군병의쥭으니라

파쵹파부ᄂᆞᆫ능히몸의ᄌᆞ산을덜어폴뵈셩을안보ᄒᆞ니라

진나라장셩을ᄊᆞ
미ᄯᅡ쵹ᄒᆞᆫ끌이맛
당이만인을역ᄉᆞᄒᆞᆯ지라파부이름청이잇서글을올
려집지물을저우려사ᄅᆞᆷ을샤바각가운갓셩을ᄊᆞ만
인역ᄉᆞ면ᄒᆞᆷ을원ᄒᆞ야재물빅여만을ᄂᆡ여셩슈빅리
를ᄊᆞ되관카돈을허비치아니ᄒᆞ고빅셩이다폴의ᄯᅥ
나지아니ᄒᆞ고슈월이못ᄒᆞ야셩이ᄋᆡ의완고ᄒᆞ니진
나라시황이아ᄅᆞᆷ다히녀겨뒤를ᄊᆞ공을표ᄒᆞ니라

이다녀ᄌᆞ의아름다온도오부인의발근지식이니질실로가히사ᄅᆞᆷ을알아란을면ᄒᆞ고집과나라를안보ᄒᆞ야가장을도앗다이를진져

勤儉篇第九

勤者女之職儉者富之基(女不勤則生業廢怠不儉則資產耗散非治家之道)勤而不儉枉勞其身(勤者必勞若不儉則勞而無補)儉而不勤甘受其苦(儉者省約而甘淡薄若不勤其職業而補益之則徒自苦而已)儉以益勤之有餘勤以補儉之不足(能勤而儉則日益而有餘能儉而勤則家饒而無不足)若夫貴而能勤則身勞而教以成富而能儉則守約而家日興(已貴而勤則家人不惰是以身爲教也已富而儉則日用不耗是因約而致豐也)是以明德以太后之尊猶披大練

明德馬皇后漢明帝后章帝之母也性恭儉常衣白練之衣不尚華采 穆姜以上卿之母尚事紉麻 紉音銀○紉績也穆姜魯上卿公父文伯母穆伯妻敬姜也文伯退朝見其母績麻曰以歜之家而主母猶績乎母嘆曰魯其亡乎使童子爲卿而不聞大道也夫人勞則思善逸則思惡今汝爲卿而不知勞反怪吾之勤於女職吾懼魯之將亡公而廢穆伯之祀也事見春秋傳○歜音畜 葛覃卷耳詠后妃之賢勞 周南葛覃之詩言后妃采葛而親爲刈濩以成絺綌而爲衣服也卷耳言后妃登山采卷耳以供宗廟之祀而思念君子也皆述后妃勤苦之事 采蘩采蘋述夫人之恭儉 召南采蘩之詩美夫人之貴而能勤也采蘋美大夫之妻恭敬節儉勤于宗祀也 七月之章半言女職 豳風七月之篇大家貴女皆不辭勞苦而親爲農桑之事夫耕婦妻饁其食夫穫而婦滌其場以公卿之女采桑養蠶繅繰織帛而爲公子之裳製狐貉之皮爲公子裘其勤事執勞恭儉如此 五噫之詠實賴妻賢 漢梁鴻詠五噫之歌以避世同妻孟光入吳夫婦爲人舂米每進食妻擧案齊眉跪而獻鴻 仲子辭三公

之賞己織屨而妻辟纑 纑音盧○纑辟草以結繩綯麻以為線也齊王欲以陳仲子為相不受而避于於陵妻辟纑已織屨以為食

少君却萬貫之粧共挽車而自出汲 桓少君漢鮑宣妻也始嫁而僕婢裝資甚盛宣不悅曰少君生富驕而適貧賤吾不敢當妻曰父以先生修德守約故以妾事君子惟命是從乃歸其僕婢衣飾著荊釵布裙與夫共挽鹿車回里拜舅姑畢提甕出汲

是皆身執勤勞躬行節儉揚芳譽於詩書播令名於史冊者也旃

其勸諸 勸勉也

근검편뎨구 부지런ᄒᆞ고검소ᄒᆞᆫ편이라

부지런홈은녀인의직업이오검소홈은부ᄒᆞᆫ터이라부지런ᄒᆞ고검소치아니ᄒᆞ면그몸만슈고로이ᄒᆞ고검소ᄒᆞ고부지런치아니ᄒᆞ면그괴롬만밧ᄂᆞ니검

소로써근간이유여홈을더ᄒᆞ고근간으로써검소에
불족홈을도올지니귀ᄒᆞ고능히부지런ᄒᆞᆫ즉몸이슈
고로오ᄃᆡ가라침은써일위고부ᄒᆞ고능히검소ᄒᆞᆫ즉
존략홈을직혀집이날로흥ᄒᆞᄂᆞ니이럼으로써명덕
은티후의놉픔으로써오히려굴근비단을입고명덕황후
마시눈한나라명뎨의후비니검소홈을숭샹ᄒᆞ니라 목강은샹경의모친으로
써오히려삼질삼을일삼으니라목강은로나라샹경공보문뵉의모친이
라문뵉이죠회에물너와그모친이삼질삼홈을보고클오ᄃᆡ우리집으로써모친이오히려질삼ᄒᆞ눈잇가
모쳔이탄식ᄒᆞ야클오ᄃᆡ로나라그망홀진져동ᄌᆞ로ᄒᆞ여곰샹경을삼엇도다사ᄅᆞᆷ이슈고론즉션을싱각
ᄒᆞ고편안ᄒᆞᆫ즉악을싱각ᄒᆞᄂᆞ니이졔비샹경이되야슈고롬을아지못ᄒᆞ고도리여너의부지런홈을괴히

녀기ᄂᆞ니로다라장ᄎᆞ망ᄒᆞ고네의션쳔목빅의졔ᄉᆞ를폐ᄒᆞᆯ가두려ᄒᆞ노라 갈담과권이ᄂᆞᆫ
후비의어질고슈고로옴을읇고 갈담은시경글이니후비직을ᄏᆡ여베를일워
어의복ᄒᆞᆷ을말ᄒᆞ고권이ᄂᆞᆫ시경글이니후비권이를ᄏᆡ여종묘졔ᄉᆞ장만ᄒᆞᆷ을말ᄒᆞ니라 ᄎᆡ번과
ᄎᆡ반은부인의공경ᄒᆞ고검소ᄒᆞᆷ을긔슐ᄒᆞ니라 ᄎᆡ번과ᄎᆡ
빈은다시경글이니부인이귀ᄒᆞ되능히공경ᄒᆞ고부지런ᄒᆞ야졔ᄉᆞ를장만ᄒᆞᆷ을말ᄒᆞ니라 칠월장
은반이나녀ᄌᆞ의직업을말ᄒᆞ고 칠월장은시경글이나귀ᄒᆞᆫ집녀인이슈
고로옴을ᄉᆞ양치아니ᄒᆞ고녀예를길너공ᄌᆞ의옷ᄒᆞᆷ을말ᄒᆞ니라 오희의올품은실노
아ᄂᆡ의어절믈심입엇도다 한나라량홍이오희노리를을펴셰상을파ᄒᆞᆯ시아리
니밍광과한가지오나라의들어부부ㅣ남의품파리되야ᄆᆡ양밥을나슈미상을들어눈섭에가지이ᄒᆞ니라
라츙ᄌᆞ는삼공의귀ᄒᆞᆷ을ᄉᆞ양ᄒᆞ야몸은신을ᄶᅡ며아

님븐실을다시리고 졔나라인군이진즁ᄌᆞ로ᄡᅥ졍승을삼은뒤밧지아니ᄒᆞ고오릉의피ᄒᆞ야아니ᄒᆞᆫ실을다시리고몸은신을ᄶᅡ니라 쇼군은만량의단장을물리쳐ᄇᆞ리고슈리ᄅᆞᆯ그어스스로나셔물질ᄒᆞᄂᆞᆫ도다 환쇼군은한나라포션의아내라비로소시집감의비복과의복이심히셩ᄒᆞ거ᄂᆞᆯ션이짓거아니ᄒᆞ야ᄀᆞᆯ오ᄃᆡ쇼군이부ᄒᆞ고교만ᄒᆞᆫ뒤샹쟝ᄒᆞ야간난ᄒᆞ고쳔ᄒᆞᆫ뒤왓시니내감히당쳐못ᄒᆞᆯ지라ᄒᆞᆫ대아내ᄀᆞᆯ오ᄃᆡ부친이션ᄉᆡᆼ의덕을닷고요약홈을직힘으로ᄡᅥ쳡으로군ᄌᆞᄅᆞᆯ셤기게ᄒᆞ시니오직명을좃치리이다ᄒᆞ고이예그비복과의복을돌려보내고남우빈여와베치마로가쟝파함ᄭᅴ적은슈리ᄅᆞᆯ그어마을의도라와시부모의게졀ᄒᆞ고나셔물을질으니라 이다몸소부지런ᄒᆞ고슈고롬을잡고친히존졀ᄒᆞ고검소홈을힘ᄒᆞ야알음다온명여ᄅᆞᆯ글에들치고어진이름을ᄉᆡ칙의젼파ᄒᆞ쟈라그심쓸지어다

才德篇第十

男子有德便是才斯言猶可言人貴有德不貴有才有才無德必非正人有德無才不害其爲善人也女子無才便是德此語殊非上二句乃古人之言首句之言猶不背理次句之言意雖正而理則非也蓋男女雖殊其德一也女尚德而不尚才理之正也若云無才便是德則非矣蓋不知才德之經與邪正之辯也才者德之用也有德之才爲正用爲治國齊家修身之道無德之才爲邪用以博名致富害人利己而已夫德以達才才以成德正心修身而后齊家治國德以達才也格物致知而后誠意正心才以成德也無德不可以達才無才不可以成德故女子之有德者固不必有才而有才者必貴乎有德女子以德爲本才之有無不足較也德本而才末固理之宜然若夫爲不善非才之罪也凡有才無德是捨本而務末必流入於邪而不正豈才之罪也故經濟之才婦言猶可

用而邪僻之藝男子亦非宜人能以才匡君正家布德免患雖在婦人亦爲經濟之才若夫淫佚之詞傾邪之語非惟婦人之大忌卽男子亦深絕而痛戒之禮曰奸聲亂色不留聰明淫樂慝禮不役心志聰明耳目也耳不聽惡聲目不視惡色是也淫樂如今之詞曲淫邪之聲慝禮如趨承媚諂足恭之禮皆亂人聰明壞人心志所當深戒者君子之敎子也獨不可以訓女乎以上四句乃君子所以敎人也在男子尚宜遵守豈不可以敎女乎女亦知此必無有才無德之失古者后妃夫人以逮庶妾匹婦莫不知詩豈皆無德者歟俗謂女人有才能敗其德不知詩三百篇多婦人女子之詞其詩皆忠厚和平懷君慕善樂而不淫然而不怒豈皆有才無德者哉末世妒婦淫女及乎悍妻潑媼大敗於禮豈盡有才者耶俗言女子無才便是德今時淫女悍婦不識一字而凌虐夫子忤逆公姑肆詈鄉黨者多矣安在其無才便是德耶爲觀齊妃有雞鳴之詩鄭女有鴈弋之警

齊風詩曰雞既鳴矣朝既盈矣匪雞則鳴蒼蠅之聲蓋賢妃恐其君視朝之晏聞蒼蠅之聲而以爲雞鳴也鄭風詩云女曰雞鳴士曰昧旦子興視夜明星有爛將翺將翔弋鳧與鴈蓋女子警其夫之詩言雞鳴將旦之時明星方爛而促其夫蚤起俟鳧鴈之翺翔而弋取之也

緹縈上章以救父肉刑用除 緹縈事見孝行篇

徐惠諫疏以匡君窮兵遂止 唐太宗末年欲再征高麗淑妃徐惠上疏諫帝不可窮兵伐遠國以勞萬乘而耗中國之民力帝遂止

宣文之授周禮六官之鉅典以明 前秦苻堅時周禮殘缺遂失其學太常韋逞母宋氏年八十餘世習周禮秦王封爲宣文君陞堂講解周官六典生儒從講者數百人由是周禮之學大明於世

大家之續漢書一代之鴻章以備 大家音太姑○後漢班固作前漢書未竟而卒其妹班昭續成之世號曰曹大家

孝經著於陳妻論語成於宋氏 唐陳邈妻鄭氏著女孝經十八篇女尚宮宋氏著女論語十二篇見前書

女誡作於曹昭內訓出於仁孝 曹昭卽班昭曹世叔之妻曹大家也作女誡七篇明

成祖仁孝文皇后徐氏作內訓二十篇俱見前書

敬姜紡績而教子言標左史之章 敬姜事見前篇其詞見左丘明國語

蘇蕙織字以致夫詩製迴文之錦 苻秦竇滔鎮襄陽久不歸妻蘇蕙織錦字迴文詩以遺之其詩周旋反覆三五七言環轉成章凡五千餘首滔見詩即解官歸

柳下惠之妻能誄其夫 柳下惠卒門人請誄妻曰誄夫子之德二三子不如妾之知夫子也乃誄曰夫子之不伐兮夫子之不竭兮夫子之信誠而與人無害兮蒙恥救民德彌大兮雖遇三黜終不蔽兮愷悌君子未能厲兮夫子之諡宜爲惠兮門人從之不能易一字遂誄爲惠

漢伏氏之女傳經於帝 漢文帝時尚書殘廢諸儒無知者有老儒伏生年九十餘知尚書言詞佶倔手不能書有女孫年十三知祖父之語而能書帝命伏生於前殿說尚書女在旁辭之書成授帝大賜金帛而尚書之經遂傳於世

信宮闈之懿範誠女學之芳規也由是觀之則女子之知書識字達禮通經名譽著乎當時才美揚乎後世豈其然哉 言文

若夫淫佚之書不入於門邪僻之言不聞於 子知書達禮其賢如此

耳在父兄者能思患而預防之則養正以毓其才師古以

成其德始焉盡善而兼美矣 書父兄能知女子之不可聞邪僻之書聽淫佚之曲思其患而防之以嚴教之以禮則知書識禮才德兼全不亦美乎

ᄌᆡ덕편뎨십 ᄌᆡ조와덕을말ᄒᆞᆫ편이라

남ᄌᆞ덕이잇심이문득이ᄌᆡ조라ᄒᆞ니이말은오히려가ᄒᆞ거니와녀ᄌᆞ지조업심이문득이덕이라ᄒᆞ니이말은그르니ᄃᆡ개ᄌᆡ조와덕의더ᄃᆞᆷ과다못간샤ᄒᆞᆷ과졍당윤분별을아지못ᄒᆞᆷ이라덕으로ᄡᅥᄌᆡ조를통ᄒᆞ고ᄌᆡ조로ᄡᅥ덕을일위ᄂᆞᆫ지라고로녀ᄌᆞ의덕이잇

ᄂᆞᆫ쟈ᄂᆞᆫ잔실로반다시ᄌᆡ조잇지아니ᄒᆞ려니와ᄌᆡ조
잇ᄂᆞᆫ쟈ᄂᆞᆫ반다시덕이잇심을귀히녀기ᄂᆞ니덕은근
본이오ᄌᆡ조ᄂᆞᆫᄭᅳᆺ치되미진실로리치의맛당홈아나
그러나불션을홈은ᄌᆡ조의죄아니라고로경졔의ᄌᆞ
조ᄂᆞᆫ부인의말도오히려가히써려니와샤특ᄒᆞ고편
벽ᄒᆞᆫᄌᆡ조ᄂᆞᆫ남ᄌᆞ도ᄯᅩᄒᆞᆫ맛당치아니ᄒᆞ니라례긔예
ᄀᆞᆯ오ᄃᆡ간악ᄒᆞᆫ소리와어지런ᄉᆡᆨ을총명의머무르지
아니ᄒᆞ고음탕ᄒᆞᆫ풍류와샤특ᄒᆞᆫ례를ᄆᆞ음을부리지
아니홈은군ᄌᆞ의ᄋᆞᄃᆞᆯ을가라침이나홈을로가히써
ᄯᆞᆯ을가라치지아니ᄒᆞ랴녯졔후비와부인으로녀쳡

파필부읫ᄠᅳ들아지몯ᄒᆞᄂᆞᆫ이업시니엇지ᄃᆞᆨ
일업ᄂᆞᆫ자며말셰예두긔ᄒᆞᄂᆞᆫ계집파음탕ᄒᆞᆫ녀ᄌᆞ
와사낭옥아ᄒᆡ와발야ᄒᆞᄂᆞᆫ계집덜이꼬계례ᄅᆞᆯ피ᄒᆞ
니엇지다ᄉᆡ조잇ᄂᆞᆫ자ㅣ라졔나라후비ᄂᆞᆫ당우ᄂᆞᆫ글
이잇고쟝나라녀인은기럭이산ᄂᆞᆫ경계잇심을보지
아니ᄒᆞᄂᆞ뇨 졔나라ᄯᅡᆨ우ᄂᆞᆫ글은어진후바그인군조 회보기ᄂᆞᆫ짐을경계ᄒᆞ고졍나라거럭여
산ᄂᆞᆫ경계ᄂᆞᆫ녀ᄌᆞㅣ그가장 일죽이려남을지쵹ᄒᆞ니라 뎨영은글을올려셔아비
를구원ᄒᆞ야살베이ᄂᆞᆫ형벌을졔ᄒᆞ고 한나라쇼우의 달졔영이글을
인군의게올려아 비죄를면ᄒᆞ니라 셔혜ᄂᆞᆫ글로간ᄒᆞ야셔인군을발우
어군ᄉᆞ다홈을드듸여근치니라 당나라티종이꼬려 나라를두번치고자

ᄒᆞᆫᄃᆡ 슉비 셔혜 글을 올려 인군을 간ᄒᆞ야 가히 군ᄉᆞ를 다ᄒᆞ야 먼 나라를 쳐 즁국을 모손치 못ᄒᆞᆯ지라 ᄒᆞᆫᄃᆡ 인군이 처다 군

션문의 쥬례를 가라침이여 셩관원의 큰법이 써 발고 진나라 인군 부견이 셔예 쥬례 글에 쇠잔ᄒᆞ야 ᄃᆡᄃᆡ여 그 학을 일은지라 ᄐᆡ샹관원위졍의 모친 송시 나히 팔십이나 문지라 ᄃᆡᄃᆡ로 쥬례를 익켜더니 진나라 인군이 봉ᄒᆞ야 션문군을 삼어 당의 올나 쥬관여셧법을 강히ᄒᆞ나 션비 좃ᄂᆞᆫ 자ㅣ 빅인이라 쥬례학이 셰샹의 발그니라

조ᄐᆡ고 가 한나라 글을 이어 일우미 일ᄃᆡ의 큰법이ㅣ 써 갓ᄎᆞ니라 후한 반고ㅣ 젼한ᄉᆞ긔를 지어 다 치 못ᄒᆞ고 쥭옴의 그 뉘 반쇼ㅣ 이ᄉᆞ 일워나 셰샹이 호를 글오ᄃᆡ 조ᄐᆡ고라 ᄒᆞ니라

효경은 죠시 아니에 지은 바오 론어ᄂᆞᆫ 송시에 일우고 당나라 잔막의 아ᄂᆡ 졍시 녀효경 십팔편을 지으고 녀샹궁 송약쇼ᄂᆞᆫ 녀론어 십이편을 지으니라 녀계ᄂᆞᆫ 반쇼의 지은 바오 ᄂᆡ훈은 인효ㅣ계 나니라 반쇼ᄂᆞᆫ 조ᄐᆡ고니녀

계철편을짓고인효황후셔시ᄂᆞᆫ녀훈이십편을지으시니라경강이질삼ᄒᆞ야아달을가라치니말이좌시ᄉᆞ괴예표ᄒᆞ고경강은로나라공보문빅의모라쳔이니질삼부지런이ᄒᆞ야아달을훈계ᄒᆞ니라소혜ᄂᆞᆫ글ᄌᆞ를ᄡᆞ가장의게보ᄂᆡ여글로회문비단을ᄆᆡᆼ그니라소혜ᄂᆞᆫ진나라두도의아ᄂᆡ니회문글을비단의ᄶᆞ그가장의게부쳐도라오게ᄒᆞ니라유하혜의아ᄂᆡᄂᆞᆫ능히그가장을시호ᄒᆞ고유하혜죽음의문안이힝실긔록홈을쳥ᄒᆞᆫᄃᆡ아ᄂᆡ글오ᄃᆡ부ᄌᆞ의덕을긔록홈이이삼ᄌᆞㅣ쳡의아는것만갓지못ᄒᆞ리라ᄒᆞ고이예긔록ᄒᆞ야글오ᄃᆡ부ᄌᆞ의자랑치아니흠이여부ᄌᆞ의다ᄒᆞ지아니홈이여부ᄌᆞ의신과졍셩이사ᄅᆞᆷ으로더부러힐홈이업심이여붓그럼을무릅서빅셩을구원홈위덕이더욱큼이여비록세번ᄂᆡ침을맛나되맛참ᄂᆡ끄처자아니홈이여기뎨ᄒᆞᆫ군ᄌᆞ능히병되지아니홈이여부ᄌᆞ의서호ᄂᆞᆫ맛당히혜ᄌᆞ로홈이여문인이좃ᄎᆞ능히한글ᄌᆞ를끄차지못ᄒᆞ고시호를혜라ᄒᆞ

다 한나라복시의손녀ᄂᆞᆫ글을인군의게젼ᄒᆞ니라 한나

라문뎨셰예샹셔글이쇠잔ᄒᆞ야폐ᄒᆞ니모든션비아ᄂᆞᆫ자ㅣ업ᄂᆞᆫ지라늘근션비복싱이잇셔나히구십여라샹셔를알되말이어둔ᄒᆞ고손으로능히글시를써지못ᄒᆞᄂᆞᆫ지라손녀잇시니나히열세시라조부의말삼을알아능히쎄니인군이복싱을압졉의명ᄒᆞ야샹셔를말ᄒᆞ니손녀졋틔잇셔긔록ᄒᆞ야글이일위ᄆᆡ인군새올리니크게금뵉을쥬고샹셔글이리세샹의젼ᄒᆞ니라

진실노궁규의아름다온법이오진짓녀ᄌᆞᄒᆞᆨ의ᄉᆞᆺ다온규모라일노말ᄆᆡ암아본즉녀ᄌᆞ의글ᄌᆞ를알며례를통달ᄒᆞ며경셔를통ᄒᆞ면명여가당시예나타나고지조아름다옴이후셰의들칩이진실노그럴진졍음당ᄒᆞᆫ글을묘의되리지아니ᄒᆞ고샤벽ᄒᆞᆫ말을귀예듯지아니ᄒᆞ옴은부형된자

ㅣ능히환을ᄉᆡᆼ각ᄒᆞ야미리막은즉졍당ᄒᆞᆷ을길너셔
크지조를지ᄏᆡ고녯사ᄅᆞᆷ을법밧어써그덕을일우면
ᄇᆡ로소극진이션ᄒᆞ고온젼이아ᄅᆞᆷ다옴이되리라

女四書卷之四

敬題女四書後

觀天地之造化獨陰不成獨陽不成故自帝王至于匹庶必得賢配爲之助天下國家始得而安且固矣嗟乎內則之爲治教本原不其信乎愚少日購女四書一部卽後漢曹大家女誡唐女學士宋若昭所訂論語　明仁孝徐皇后內訓王節婦女範而其言皆可爲法誠閨壼之龜鑑而有國有家者所宜表揭于世者也第此書之東來者絶少意欲印行以廣其傳凝川朴公晩煥聞之喜甚捐金繡梓而並用國文釋明又得心石宋公文以發揮之甚盛舉也愚觀近年宇內之勢夷禍滔天禮教掃地駸駸至於相鼠

有狐之俗而人道廢矣今得此書以喚醒人心目亦安知無中行獨復之哲媛而進於漢廣詠歎之美以基二南之化也乎是所望于世爾

丁未季夏上澣潭陽田愚敬書

瀛洲精舍

丁未刊板

*夫부婦부의 道도는 陰음陽양애 參참配비ᄒᆞ며 神신明명애 通통達달ᄒᆞ니 진실로 天텬地디애 너른 義의며 人인倫뉸애 큰 節졀이라(初刊本 一, 5b)

*부부의 도는 음양에 참여ᄒᆞ야 짝ᄒᆞ고 신명에 통ᄒᆞ니 진실로 텬디의 큰 의리오 인륜의 큰 례졀이라 (重刊本 一, 6b)

이 책에 나타난 국어학적 특징을 몇 가지 지적하면 다음과 같다.

(1) 'ㅣ'모음 동화가 두드러지게 나타나며 이에 견인된 듯한 이중모음 표기가 자주 나타난다.

쥬시니(一, 2b), 어리셕고(一, 2b), 부그렵(一, 2b), 이졔(一, 3b), 단졍이(二, 22b), 셤김(二, 32a), 보ᄂᆡ여(四, 53a) 등.

(2) 어중의 'ㄹ ㄹ'및 'ㄹ ㄴ'의 표기가 일관되지 않게 나타난다.

불너(一, 2b), 실노(一, 3a), 진실로(一, 5b), 진실노(二, 41b) 등.

(3) 어두의 된소리는 모두 'ㅅ'계 합용병서로 표기하였다.

(4) 구개음화 현상이 보편적이다.

심입엇도다(四, 48a), 심립어(一, 2b), 심쓰라(一, 3b), 시쳐(一, 11b)

(5) 'ㅡ' 모음으로 표기되어야 할 것으로 생각되는 것들 중 많은 경우에 'ㅣ' 모음으로 나타난다.

일즉 이러나(一, 5a), 낫빗칠 바루게 ᄒᆞ고(一, 5a), 잇실가 근심ᄒᆞᄂᆞᆫ(一, 5b), 씨임이 하나이라(一, 7a), 업심(一, 13a) 등

(6) 연철, 분철, 혼철 표기가 혼동되고 있다.

참고 문헌

南廣祐(1977), 女四書 硏究, 李崇寧先生古稀紀念 國語國文學論叢.

한국정신문화연구원, 한국민족문화대백과사전.

홍윤표, 御製女四書諺解 解題, 弘文閣.

重刊本 女四書 諺解 解題

李 根 鏞

이 책은 1907년에 後漢 趙大家의 女誡, 明 仁孝文皇后의 內訓, 唐 宋若昭의 女論語, 明 王節婦의 女範을 엮은 女四書를 鄭督 朴晩煥이 언해한 책이다. 女四書는 영조 12년(1736년)에 李德壽 등이 언해하여 改鑄甲寅字로 간행한 바 있다. 이를 초간본이라고 하면 1907년에 간행된 女四書를 重刊本 이라고 할 수 있다. 이 重刊本 女四書는 4권 2책의 木版本으로 宋秉珣의 序와 艮齊 田愚[1]의 跋文이 실려 있고 4권 끝에 「瀛洲精舍 丁未刊板」이라고 出版地와 出版年度가 밝혀져 있다.[2]

이 重刊本은 初刊本(御製女四書諺解)과는 그 편차 및 언해가 전혀 다르다.

初刊本은 女誡, 女論語, 內訓, 女範의 순으로 되어 있는데 重刊本은 女誡, 內訓, 女論語, 女範의 순서로 실려 있다. 초간본이 漢文 原文에 매 글자마다 당시의 한자음을 달고 또한 한글 口訣을 붙였으나 重刊本은 한문 원문에 漢字音이나 口訣이 없이 한문 원문 그대로를 싣고 있다. 또한 諺解文에도 初刊本에서는 漢字를 사용하고 각각의 漢字에 토를 달았으나 重刊本의 諺解는 한글만으로 된 점이 다르다.

초간본이 직역체라면 중간본은 의역체이며 다분히 擬古的인 번역체이다.

女誡의 한문 원문 "夫婦之道 參配陰陽 通達神明 信天地之弘義 人倫之大節也"에 대한 초간본과 중간본의 번역을 비교해 보이면 다음과 같다.

---

1 宋秉珣과 田愚는 畿湖學派에 속하는 조선 후기의 성리학자. 宋秉珣은 회덕이 고향이고, 艮齋 田愚는 전주가 고향으로 이 두 사람은 주로 호남 지방에서 활동하던 사람들이다. 艮齋는 말년에 界火島에 정착하여 후학을 양성하였다.

2 洪允杓의 御製女四書諺解 解題에 重刊本이 '嶺南方言을 반영한 자료로 생각된다'고 하였다. 그런데 이 책의 서문과 발문을 宋秉珣과 艮齋 田愚가 쓴 점, 刊記의 「瀛洲精舍」가 언해자인 朴晩煥과 관계 있는 서원이나 서당의 이름을 비유적으로 쓴 것으로 생각할 수도 있으나 宋秉珣의 서문에 '瀛洲朴鄭督晩煥甫以'라고 한 구절이 있어 '瀛洲'를 지명으로 보고 또 '州'와 '洲'자를 같은 글자로 본다면 '瀛洲'는 오늘날 전남 고흥에 해당하는 것으로 생각된다. 따라서 이 책은 영남방언이 아니라 호남방언을 반영하는 것으로 보인다. 또한 이 책에 나타나는 언어 사실도 이를 뒷받침하는 것으로 생각된다.